COLLECTION FOLIO

Robert Merle

Un animal doué de raison

II

Gallimard

IX

Les réactions internationales après la conférence du 20 février ne furent pas inattendues : courtoises chez les États socialistes, admiratives chez les pays amis, admiratives et inquiètes dans les nations du Tiers-Monde. Chez celles-ci, que l'escalade au Vietnam rendait chaque jour plus soucieuses, les questions qu'on se posait à mi-voix dans les cercles responsables étaient celles-ci : jusqu'où les États-Unis iront-ils dans la voie du savoir-faire industriel, du miracle scientifique et de l'expansion mondiale? Ils ont gagné la guerre froide, ils ont tiré profit de la *coexistence pacifique* pour avancer sur tous les fronts, ils ont rattrapé l'U. R. S. S. dans la course à l'espace; ils la dépassent dans tous les autres domaines; en Amérique latine, dans une partie de l'Afrique et de l'Asie, ils font et défont les gouvernements; l'Europe occidentale est à leurs pieds; ne vont-ils pas maintenant se laisser griser par leur toute-puissance et chaque fois qu'un petit pays leur résistera, envoyer leurs dauphins miner ses ports ou couler sa flotte?

En Angleterre, A. C. Crescent, membre du Parlement pour Ch..., demanda au Premier ministre dans quelles conditions la Grande-Bretagne, pays maritime par excellence, s'était laissé à ce point distancer dans les recherches sur les dauphins. A. C. Crescent était considéré comme un franc-tireur excentrique et un peu fou par son propre parti, mais ses interventions agressives, excessives, toujours percutantes, n'en étaient pas moins très écoutées. Le Premier ministre répondit qu'il y avait, certes, « dans ce pays », d'excellents cétologues, mais que la Grande-Bretagne n'avait pas les moyens de dépenser des centaines de millions de livres sterling sur la seule cétologie, et qu'en outre, elle ne disposait pas, sur les côtes de Grande-Bretagne, de mer chaude pour élever des dauphins. A. C. Crescent demanda si le Premier ministre était à ce point ignorant des choses de la mer qu'il ne sût pas qu'il existait des dauphins de mer froide. Le Premier ministre répondit que Fa et Bi étaient des *Tursiops truncatus* et que le *Tursiops truncatus*, à sa connaissance, vivait en eau chaude. A. C. Crescent déclara qu'à son avis, la température de l'eau n'avait rien à voir à l'affaire (*was completely immaterial*). A en juger par son expérience personnelle, il ne voyait pas pourquoi l'eau froide était un obstacle à l'alphabétisation. (*Rires.*) Il demanda au Premier ministre à quoi servaient les sommes importantes dépensées chaque année par la Royal Navy, puisqu'un coûteux porte-avions britannique pouvait être coulé en quelques minutes par un dauphin ennemi qu'aucun sonar ne pourrait détecter. (*Hear! Hear* [1] *!*) Le Premier ministre déclara que les craintes de l'Honorable Membre n'étaient pas fondées, étant donné que, jusqu'à ce jour, seuls les dauphins

1. Bravo! Bravo!

américains étaient opérationnels. L'Honorable Membre pour Ch... voulut alors savoir si le Premier ministre pouvait donner l'assurance que ni la Chine populaire ni l'U. R. S. S. ne disposeraient jamais de dauphins opérationnels. Le Premier ministre dit qu'il ne pouvait pas donner une telle assurance, mais qu'en cas de besoin, la flotte de la Grande-Bretagne pourrait jouir de la protection des dauphins américains dans le cadre de N.A.T.O. A. C. Crescent prit une inspiration profonde et ses yeux se mirent à briller. Il avait amené le Premier ministre là où il voulait.

« Autrement dit, déclara-t-il, nous demandons aux États-Unis de nous permettre de survivre et ils nous le permettent! Nous leur demandons de sauver la livre et ils la sauvent! Nous n'avons pas de dauphins, qu'à cela ne tienne, ils nous prêteront les leurs! Comme Disraeli le disait de l'Irlande à notre propre égard, nous sommes, vis-à-vis des États-Unis, dans une situation de " mendicité majestueuse ". (*Protestations.*) Nous n'avons plus d'économie indépendante, plus de monnaie et plus de politique extérieure. (*Cris de « Gaullist! Gaullist! »*) Si c'est être gaulliste que d'aimer la Grande-Bretagne, alors, oui, je suis gaulliste. (*Rires.*) Comment pourrais-je le dissimuler? : je suis profondément choqué par la détérioration de notre prestige dans le monde et notre alignement inconditionnel sur les États-Unis. Les faits sont là, et il serait hypocrite de leur tourner le dos : nous sommes en train de devenir la colonie de notre ex-colonie! » (*Cris de « Shame! Shame*[1]*! »*)

En France, le député Marius Sylvain, un des membres

1. Honte! Honte!

les plus brillants de l'opposition, interpella en ces termes le Premier ministre :

« Vous avez rendu un juste hommage à la science américaine qui vient d'accomplir un " prodigieux bond en avant " en faisant parler des dauphins. C'est bien, monsieur le Premier ministre, mais ce n'est pas pas encore assez. Je vous convie à aller un peu plus loin dans vos réflexions. La France ne possède pas de dauphins qui parlent. Les États-Unis en possèdent. Pensez-vous qu'il ait été opportun de nous retirer de l'O.T.A.N. en 1969, à un moment de l'Histoire où toute flotte de guerre aura besoin, pour la défendre et l'éclairer, de ces indispensables auxiliaires? (*Applaudissements sur les bancs de la Fédération et du Centre démocrate.*) En un mot, j'invite le gouvernement à regarder les choses en face, au lieu de se réfugier dans des rêves de grandeur qui s'inspirent du nationalisme le plus étroit. (*Protestations de l'U.N.R.*) Ouvrez les yeux, messieurs. Économiquement, financièrement, militairement, la France est un petit pays qui ne peut pas *fare da se!* (*Vives protestations des U.N.R., des Indépendants et sur quelques bancs communistes.*) Vous le niez? (*Cris de « Oui! Oui! »*) Eh bien, dans ce cas, je dis que la France doit choisir : ou bien elle accepte de réintégrer l'O.T.A.N. (*protestations sur les bancs U.N.R. et communistes*), et ses bateaux, alors, recevront des États-Unis ce bouclier de dauphins sans lequel une flotte de guerre, à l'heure actuelle, n'a plus qu'à retourner à la ferraille (*protestations*); ou bien la France éduque elle-même ses propres dauphins. (*Cris de « Oui! Oui! Pourquoi pas? »*) Vous dites : " Pourquoi pas? " Je le dis aussi. (*Cris ironiques sur les bancs U.N. R. : « Alors, votez avec nous! »*)

« Je dis, après vous, “ Pourquoi pas? ”, mais je ne voterai pas cependant avec vous, et je vais vous en dire la raison. Mais auparavant, je vous invite à méditer certains faits et certains chiffres. Les États-Unis comptent cent cinquante cétologues. Le Japon, quatre-vingts. L'Angleterre et l'Allemagne fédérale, une quinzaine chacun. Et savez-vous, messieurs, combien la France compte de cétologues? Deux! (*Exclamations et protestations.*) Je dis deux. Messieurs de la Majorité qui êtes au pouvoir depuis 1958, qu'avez-vous fait, depuis cette date, pour la cétologie? Je vais répondre pour vous : Rien! Exactement rien! (*Applaudissements et protestations.*) Avez-vous organisé les recherches cétologiques? Non. Avez-vous créé et subventionné des laboratoires de cétologie? Non. Vous êtes-vous préoccupés de former des cétologues? Non. Avez-vous capturé des dauphins en Méditerranée pour les étudier? Non. Avez-vous seulement créé des bassins pour recevoir, dans l'avenir, ces dauphins? Absolument pas. Un des deux cétologues français vous a demandé le coin d'une île en face de Marseille pour y installer des dauphins : le lui avez-vous donné? Non. Et savez-vous, monsieur le Premier ministre, où va ce cétologue pour étudier les dauphins? Je vais vous le dire : aux États-Unis[1]! » (*Rires, applaudissements et protestations.*)

En Italie, comme dans les autres États de l'Europe occidentale, les réactions politiques ne furent pas fondamentalement différentes de celles qui s'étaient

1. Les reproches de Marius Sylvain n'étaient, d'ailleurs, que partiellement fondés, le premier gouvernement Pompidou ayant institué un centre naval de recherches sur les dauphins à Biarritz en avril 1966.

fait jour en Grande-Bretagne et en France. Atlantiques et anti-Atlantiques puisèrent de nouveaux arguments pour leurs thèses respectives dans le nouveau succès des Américains. Mais c'est d'Italie que vint la réaction philosophique la plus originale, sous forme d'un article de revue, qui connut dans le monde un grand retentissement.

Son auteur s'appelait le prince Luigi Monteverdi. Il possédait à Rome un magnifique palais Renaissance, plein de marbre, de colonnes et de statues, il aimait la peinture abstraite et il était membre du Parti communiste italien. Les camarades étrangers qu'il recevait parfois chez lui s'étonnaient de se réveiller le matin sur un lit à baldaquin et de faire leurs ablutions dans une baignoire en marbre. Le prince, mince, élégant et les tempes argentées, dépassait un mètre quatre-vingts, mais paraissait presque de taille moyenne tant les traits de son visage étaient fins et son allure sans arrogance. Raymond Lutin, membre du Comité central du P.C.F., prenant un jour avec lui son petit déjeuner dans la grandiose salle à manger du palais, lui demanda, mais qu'est-ce qu'on entend, Monteverdi ? on dirait qu'on psalmodie, Luigi Monteverdi eut un petit geste de la main, ce n'est rien, c'est ma tante et mes deux nièces qui se font dire la messe à côté par un petit *monsignore*, et qui paye le *monsignore ?* demanda Lutin, mais c'est moi, bien entendu, Lutin se mit à rire, camarade, vous vous rappelez la parole de Lénine : qui veut le pope paye le pope, à mon avis, c'est votre tante qui devrait payer, *Impossible*, dit le Prince avec un petit sourire, c'est sa messe, mais c'est ma chapelle.

Dans son article, Luigi Monteverdi établissait une

comparaison entre ce qu'il appelait *les deux genèses :* la genèse du premier livre de la Bible, et la genèse matérialiste d'Engels dans sa *Dialectique de la Nature*.

La première faisait appel à un démiurge. Dieu, après avoir créé le ciel et la terre, créait les animaux, chacun selon son espèce. Il façonnait l'homme à Son image à partir de la poussière du sol, et lui soufflant dans les narines, Il lui donnait l'étincelle de la vie et de la pensée. Ainsi l'homme, être pensant et privilégié dès sa création, recevait de Dieu la terre pour y régner et les animaux pour les dominer.

Pour Engels, qui avait élaboré sa Genèse après les découvertes de Darwin, l'hypothèse démiurgique disparaissait. L'homme n'était pas créé. Il se faisait lentement, à partir du singe. « *C'est le jour*, écrit Engels, *où, après des millénaires de lutte, la main fut définitivement différenciée du pied et l'attitude verticale enfin assurée, que l'homme se sépara du singe et que furent établies les bases du langage articulé et du prodigieux perfectionnement du cerveau.* » Dans cette promotion, Engels insiste sur le rôle capital de la main humaine. Car cette main, dès qu'elle cessa d'être utilisée comme pied par le primate notre ancêtre, se libéra pour d'autres tâches. Elle permit le travail tout en s'affinant grâce à lui, et le travail, à son tour, multiplia le besoin de communication. De ce besoin grandissant le langage articulé naquit et, en même temps que lui, le perfectionnement du cerveau.

Ainsi, dans la Bible, ce sont les mains de Dieu qui façonnèrent l'homme et Son souffle qui lui donna d'emblée l'intelligence, tandis que, pour Engels, ce fut, pour ainsi dire par sa propre main, et par le travail créateur qu'elle rendait possible, que l'homme se façonna lui-même en tant qu'homme en se différenciant peu à peu des primates.

Thèse magnifique, notait Luigi Monteverdi, et qui revêtait, au moment où elle apparut, une grande importance historique, puisqu'en s'appuyant sur les vérités scientifiques de son temps, Engels contrebattait avec une rare efficacité la tendance néfaste des hommes à expliquer leur activité par leur pensée au lieu de l'expliquer par leurs besoins...

Cependant, poursuivait Monteverdi, il faut tenir compte du caractère historique et toujours historiquement relatif de la connaissance. La science a progressé depuis Engels, elle progresse encore, et ses derniers développements nous amènent peut-être à remettre en question le rôle que le grand philosophe marxiste attribuait à la main dans la marche de l'homme vers l'intelligence. Car enfin, voici des bêtes — les dauphins Fa et Bi du Professeur Sevilla — qui accèdent au langage articulé et à toutes les opérations abstraites qu'il suppose, et ce langage, elles le reçoivent de l'homme et le comprennent par un effort purement mental, sans qu'à aucun moment intervienne dans ce processus la main humaine, cette main que les nageoires latérales des cétacés ne peuvent prétendre en aucune manière remplacer. On peut donc se demander si Engels, dans son désir de réagir contre l'idéalisme de la conception chrétienne, n'a pas été trop loin dans l'autre sens, en inversant les termes de l'évolution naturelle. Si l'exemple des dauphins qui parlent montre que l'apparition du langage articulé est possible partout où le cerveau atteint une certaine complexité, c'est un paradoxe de dire que c'est l'outil manuel de l'homme qui l'a fait penser et parler. Il vaudrait mieux dire que c'est le cerveau de l'homme préhistorique qui en se développant a permis, en même temps que tous les usages créateurs de la main, l'élaboration du langage articulé.

Après tout, concluait Monteverdi, le matérialisme dont se réclame Engels et dont nous nous réclamons après lui ne perd rien au fait que c'est le développement et la différenciation des cellules du cerveau, et non la main, qui explique l'extraordinaire promotion de l'homme dans le règne animal, comme elle explique l'accès récent et sensationnel du dauphin au langage articulé.

*

Si important que fût l'article de Monteverdi pour tous ceux que l'apparition de l'homme sur la planète intéresse, il ne retint en aucune manière l'attention de la Marine U.S. et du Département d'État. Ils avaient les yeux fixés sur des choses qui leur paraissaient plus sérieuses. Ils attendaient avec une fébrile vigilance les réactions de l'U.R.S.S. à la conférence de presse du 20 février. Elles vinrent en deux temps et après un très long délai, ou qui apparut tel aux observateurs impatients.

Le 23 février, soit trois jours après la conférence, le gouvernement de l'U.R.S.S. félicita en termes polis le gouvernement des État-Unis, les savants américains et le peuple américain des « *progrès saisissants* » qu'ils avaient fait accomplir à la zoologie.

Là-dessus, il y eut un long silence et il fallut attendre le 2 mars pour qu'un article, non signé, de la *Pravda* évoquât à nouveau le problème des dauphins. Il le fit en termes soigneusement pesés. Les savants soviétiques, disait l'auteur de l'article, étudient les dauphins depuis de nombreuses années et sont parvenus à des *résultats saisissants*[1]. L'auteur admirait les performances des dauphins du Professeur Sevilla, mais il n'avait cependant pas l'impression que la cétologie soviétique manifestât un retard quelconque sur celle du Nouveau Monde. « Il est vrai, ajouta-t-il, que la comparaison n'est pas facile, car le programme delphinologique de l'Union soviétique diffère par ses buts comme par ses méthodes du programme delphinologique américain. Contrairement aux Américains qui, victimes des habitudes de pensée individualistes développées par le *struggle for life* capitaliste, ont concentré leurs efforts sur un ou deux dauphins, et ont réussi à en faire des prodiges, nos savants se sont efforcés de passer directement de l'analphabétisme delphinique à la culture de masse des dauphins. Ils y sont, dans une certaine mesure, parvenus, en mettant au point un système simplifié de communication grâce auquel ils se font obéir d'une centaine de dauphins de la mer Noire. Ces dauphins sont d'ores et déjà utilisés pour la pêche et ils donnent toute satisfaction. »

« Bon Dieu, dit Lorrimer quand Adams lui apporta la traduction de cet article, nous ne sommes pas plus avancés qu'avant. Qu'est-ce que ça veut dire : " ils y sont, dans une certaine mesure, parvenus "? Et qu'est-ce que ça veut dire : " un système simplifié de communication "? Moi aussi, j'ai un système simplifié de communication avec mon chien, mais ça n'est quand

1. On remarquera que l'adjectif est le même que celui qui avait précédemment qualifié les progrès américains.

même pas une langue! Les damnés bâtards, ils sont aussi boutonnés que leurs uniformes! »

*

Goldstein, annoncé le vendredi 6 mars par Adams, fit son apparition le samedi au bungalow en début d'après-midi, il était grand, large d'épaules, la poitrine profonde, des touffes de poils roux et blancs sortant par son col ouvert, le cou musclé, les traits forts, le menton agressif, une crinière épaisse, blanche et frisée, qui lui donnait l'air d'un vieux lion, il marchait un peu de côté sur la terrasse du bungalow, ses grosses jambes musclées paraissant rebondir à chaque pas sur ses semelles de crêpe, la tête un peu penchée en avant, les épaules lourdes et rondes, son petit œil bleu rieur et rusé fixé sur Arlette et Sevilla, je m'appelle Goldstein, dit-il d'une voix forte en tendant sa large main poilue à Sevilla, c'est moi le requin juif qui, à partir d'aujourd'hui, va vous prendre dix pour cent sur tous vos droits d'auteur, Miss Lafeuille, c'est un grand privilège de vous rencontrer, vous êtes d'une beauté ravissante, encore plus magnifique et séduisante que sur les photos, vous ressemblez tout à fait à Marie Mancini, vous savez bien, la fille que Louis XIV adorait, Goldstein, dit Sevilla en riant, inutile d'essayer d'épater Arlette par votre érudition, c'est *Life* qui l'a comparée le premier à Marie Mancini, inutile aussi de lui faire la cour, je vais l'épouser dans une semaine, vous feriez mieux de vous asseoir et de prendre un verre, vous l'épousez? dit Goldstein en se laissant tomber sur un fauteuil blanc laqué qui craqua sous son poids, quand comptez-vous finir votre livre sur Fa et Bi? dans six mois, je pense, Goldstein leva la tête d'un air joyeux et inspiré, ses cheveux blancs brillant en auréole autour de sa tête, eh bien, *Bruder*, dit-il en donnant une petite tape sur l'épaule de Sevilla, il faut vous marier dans six mois, au moment de la sortie de votre livre, je vois d'ici les titres des journaux :

PA WEDS MA[1] !

Sevilla et Arlette se mirent à rire, et Goldstein rugit, quel lancement, les gens vont vous adorer, Sevilla, vous êtes si célèbre qu'ils s'attendent à ce que vous épousiez un sac, et ils seront touchés aux larmes que vous épousiez une petite dactylo sans fortune, mais je ne suis pas une petite dactylo! dit Arlette, voyons, dit Sevilla, elle est couverte de diplômes et son père est un ponte dans les Assurances, je sais, je sais, dit Goldstein, vous pensez si j'ai potassé vos biographies avant de venir, je ne vous dis pas la vérité telle qu'elle est, je vous dis la vérité telle que les journaux la diront, toute l'Amérique va se mettre à chialer d'attendrissement en apprenant que Sevilla va épouser sa secrétaire au lieu de convoler avec Mme Machin-Schproum, reine de l'acier, malheureusement, dit Sevilla, pas question d'attendre la sortie du livre, nous nous marions dans huit jours, Goldstein haussa ses puissantes épaules et fronça les sourcils, écoutez, je ne voudrais pas être mal élevé, Sevilla leva la main, ne vous forcez pas, dit-il en riant,

bon, dit Goldstein et il grommela entre ses dents quelque chose d'inintelligible qui ressemblait à de l'allemand, Sevilla le regarda avec surprise et Goldstein

1. Pa épouse Ma.

le dévisagea à son tour une pleine seconde, le visage sérieux et tendu, écoutez, Sevilla, il faudrait quand même éclairer votre lanterne, vous êtes juif ou pas? je serais très honoré de l'être, dit Sevilla la tête posée sur le dossier de son fauteuil et regardant Goldstein de ses yeux sombres, pétillants, à demi fermés, ce n'est pas une réponse, c'est la seule que je puisse vous donner, écoutez, reprit Sevilla, la vérité, c'est que je n'en sais rien, même Mr. C n'en sait rien, et je me demande bien ce que cela peut faire, après tout, que je sois juif ou pas, j'aime à penser, dit Goldstein en timbrant sa voix dans les notes basses avec une émotion mi-réelle mi-jouée dont il parut s'amuser lui-même après coup, j'aime à penser que la plupart des hommes supérieurs de notre temps sont juifs : Einstein, Freud, Marx, quel racisme, dit Sevilla, je vais vous suggérer d'autres noms plus embarrassants, Oppenheimer? Teller? Goldstein rugit, il ne faut pas confondre, Sevilla! je condamne Teller, il a mis au point la bombe H en pleine paix, mais Oppie, ah, je défends Oppie, il s'est mis à construire la bombe A pendant la guerre, quand on craignait que Hitler n'y arrivât avant nous, je sais, dit Sevilla avec amertume, il a fait la bombe A pour vaincre les nazis et Truman l'a employée contre les Japonais, telle est l'ironie de la recherche scientifique, Goldstein porta son whisky à ses lèvres et se mit à boire, Sevilla regarda sa main avec envie, elle était large, musclée, avec un pouce très long, elle ne saisissait pas le verre, elle en prenait, pour ainsi dire, possession, c'était la main d'un homme qui se mouvait à l'aise dans le monde des choses, j'ai perdu cette simplicité, pensa Sevilla,

Goldstein reposa son verre, mon vieux, si je dois

soigner vos finances, il faut faire confiance à votre docteur, Adams me dit que vous avez quinze mille dollars depuis deux ans sur votre compte en banque et que vous n'en faites rien, c'est un scandale, quinze mille dollars placés à dix pour cent, en deux ans, vous auriez gagné trois mille dollars, c'est-à-dire de quoi changer votre vieille Buick sans toucher à votre capital, et pourquoi changerais-je ma Buick?, et voilà, dit Goldstein en écartant ses larges mains et en regardant Arlette pour la prendre à témoin, j'en étais sûr, c'est un prophète, nous autres, juifs, nous n'avons jamais une attitude petite-bourgeoise à l'égard de l'argent, chez nous pas de milieu, hommes d'argent ou prophètes, vous vous rappelez ce personnage de Dos Passos, il devient millionnaire, il touche des billets tout neufs de la banque, ils craquent, ils sentent bon, ils sont si beaux qu'il les porte à ses lèvres et les baise comme un dévot, eh bien, moi, j'ai fait quelque chose de ce genre avec mon premier argent, quand j'étais jeune, j'ai porté une somme énorme en numéraire contre ma poitrine toute une journée, avec une exaltation inouïe, j'avais l'impression que ces dollars, à travers le cuir et la chemise, me chauffaient le cœur, les mystiques qui portent leur dieu sur la poitrine ne peuvent pas sentir sa présence avec autant de joie que j'ai senti mes dollars, ce jour-là, faire de moi un homme nouveau, ma puissance était multipliée par mille, je vivais, je n'avais rien envie d'acheter, tous les autres plaisirs me paraissaient pâles en comparaison du pouvoir que j'avais de les acheter, et à la vérité je n'ai jamais rien possédé depuis, yachts, autos, maisons, comme j'ai possédé ces premiers dollars, c'était un bonheur fou, je suis, j'ose le dire, un cinglé du fric, comme vous, Sevilla, vous êtes un cinglé du désintéressement, et pour être aussi passionné que moi dans l'autre sens, *Bruder*, il faut qu'on soit du même sang, toi et moi,

vous êtes étonnant, dit Sevilla, vous êtes si possessif que même mes origines, vous voulez les annexer, écoutez, vidons ce sujet une fois pour toutes, mon père a quitté ma mère quand j'avais huit ans pour aller vivre avec une Cubaine à Miami, je pense, maintenant, en y réfléchissant, que c'est ce qu'il pouvait faire de mieux, le pauvre diable, je l'aimais bien, il était aussi gai et affectueux que ma mère était contractée, bon, il part ou plus exactement il fuit, et matin et soir, ma mère me fait dire à la Vierge une prière spéciale pour le salut de son âme, et le reste de la journée elle déverse dans mon oreille la haine et le mépris qu'il lui inspire, c'était affreux, je la revois, maigre, jaune, le cheveu tiré, l'œil implacable, elle vivait pour le haïr, le reste de ses pensées était consacré à la dévotion et à la psychiatrie, curieuse femme, à part la haine, tous ses sentiments étaient inauthentiques, son rire lui-même était forcé, elle riait comme ceci, ah, ah, du fond de la gorge, avec un air de supériorité méprisante, bien, j'ai douze ans, mon père meurt et à partir de ce jour, à toutes mes questions sur lui, un mur, pas de réponse, jamais, c'est le sujet tabou, c'est comme si ma mère le faisait mourir une deuxième fois par son silence, et alors, Goldstein, comment voulez-vous que je sache si mon père était juif ou pas, j'ignore tout de lui, y compris son métier, tout ce que je sais c'est que mon grand-père était originaire de Galice, et mon père lui-même parlait avec un accent, « *un métèque* », disait ma mère, *je n'aurais jamais dû épouser un métèque*, voilà, Goldstein, résignez-vous, je suis un de ces millions d'Américains sans racines, sans traditions et même sans race, prenez-moi comme je suis et cessez de croire que je suis un juif honteux qui cherche à se camoufler, je n'ai jamais pensé ça, dit Goldstein, il vida son verre, le reposa et resta un instant silencieux, sa lourde tête léonine reposant sur sa poitrine, et ses deux larges mains à plat sur ses genoux, puis il souleva ses deux mains d'une trentaine de centimètres, les immobilisa à l'horizontale une ou deux secondes et les laissa retomber en même temps sur ses cuisses,

bon, où est le contrat que Brücker vous a envoyé? là, sur la table, à côté de votre verre, je l'ai sorti quand j'ai su que vous veniez, voyons, dit Goldstein, il avança la main, mais au lieu de saisir le papier, il regarda Sévilla en haussant les sourcils, vous m'avez traité de raciste, Sevilla, c'est une accusation injuste, je suis un patriote juif, c'est tout, vous n'allez pas empêcher un Anglais d'être fier que ce soit un Anglais qui ait découvert les lois de la gravitation, alors, moi, pourquoi est-ce que je ne serais pas fier d'Einstein? vous savez comme moi qu'un homme qui défend son pays contre l'envahisseur a tendance à devenir chauvin, eh bien, Sevilla, qu'est-ce qu'un juif sinon un homme dont la patrie est perpétuellement menacée, et en plus, dans notre cas, il y a cet élément inhabituel, la patrie des juifs, c'est leur peau, prenez les autres peuples, les Viets par exemple, eh bien, le Viet, il peut à la rigueur trahir, s'il passe dans l'autre camp, il vend sa patrie mais il sauve sa peau, mais nous, juifs, nous coïncidons corps et âme avec la patrie juive, la patrie juive, c'est mon nez, c'est ma bouche, mes cheveux frisés, mes yeux fendus, ma patrie, elle colle à moi, alors, comprenez-vous Sevilla, je ne me sens véritablement en confiance qu'avec d'autres juifs, en dehors d'eux, je ne sens autour de moi que des agresseurs en puissance, Sevilla souleva la main, si le mot racisme vous offense, je le retire, préférez-vous chauvinisme, Goldstein? vous l'avez vous-même employé, non? c'est encore trop?, alors c'est qu'il manque un mot à la langue pour désigner les manifestations d'hyperdéfensivité, vous vous foutez de moi, dit Goldstein, et qui plus est, avec une ironie typiquement juive, Seigneur, dit Sevilla, l'ironie, c'est l'ironie, Goldstein lui sourit avec bonne humeur et regarda sa montre, dommage qu'on n'ait pas le temps de discuter, mon avion part dans une heure, voyons, poursuivit-il en saisissant le contrat, examinons ce monument d'iniquité, avant même de le lire, je vous félicite d'avoir eu le nez de ne pas le signer, il s'absorba dans sa lecture, bon Dieu, quel escroc, grommela-t-il au bout d'un moment, un escroc? dit Sevilla, Goldstein se mit à rire, non, non, pas littéralement, ne prenez pas cela littéralement, il est escroc comme le sont, en général, les hommes d'affaires honnêtes, c'est-à-dire qu'il vous volera, mais dans des limites très raisonnables, et c'est au surplus un très bon éditeur, dynamique, audacieux, vous êtes en de bonnes mains, Sevilla, Miss Lafeuille, je peux utiliser votre téléphone? Je vous l'apporte, dit Arlette, elle revint une seconde plus tard, le long fil blanc serpentant derrière elle sur les dalles rouges, Goldstein l'enveloppa du regard, quel joli petit morceau, et sûre, sérieuse, elle lui fera de l'usage, j'appelle ce bandit, dit-il avec un clin d'œil en engloutissant le combiné dans sa large main, du temps coula, du temps pour rien, nul, une attente, un passage à vide, Goldstein appelait Brücker et c'était tout, Sevilla regarda Arlette et lui sourit, elle lui sourit à son tour, et Goldstein les regarda l'un et l'autre avec des yeux abstraits, sans expression, Sevilla eut le sentiment que la vie, avec son flux abondant, ininterrompu, d'émotions, d'idées, de projets ou de craintes, s'arrêtait subrepticement sur un moment vide, blanc, sans couleur ni contenu, Brücker? dit Goldstein d'une voix forte, et le flux aussitôt reprit sa course, Brücker, c'est Goldstein, je vous téléphone au sujet de Sevilla, eh oui, c'est moi son agent, n'ayez pas l'air si désolé, mon vieux, ah, ah, mais non voyons, je vous aime bien, moi aussi, dans six mois, il vous remet son manuscrit, sûrement, c'est lui qui l'écrira, il est plein de vie et d'esprit, ce type, ne vous en faites pas, de ce côté tout va bien, c'est votre contrat qui ne va pas, je vais vous le dire, nous réservons *tous* les droits de pré- et post-publication et *tous* les droits de traduction et d'adaptation cinématographique, vous? Eh bien, je ne vous plains pas, vous avez les droits américains, anglais, canadiens, australiens et tous les autres pays de langue anglaise, et ce n'est pas une petite pincée... deuxièmement, nos royalties s'élèveront à quinze pour cent, non, monsieur, NON, quinze pour cent, c'est le mot ultime et dernier, je dis quinze, huit et sept, et bien entendu, un à-valoir un peu moins miteux que ces cinquante mille dollars[1] que vous proposez, quoi? quoi? je dis : miteux, cent?, voyons, Brücker, soyons sérieux, même si ça vous surprend, je dis que je ne veux pas de vos cent mille dollars, je n'en veux pas, je les repousse du pied, je leur crache dessus, je leur chie dessus, si vous voulez le savoir, non, Brücker, vous n'aurez pas ce livre avec vos misérables, vos mégoteux, vos clochardesques

1. Vingt-cinq millions d'anciens francs.

cent mille dollars! Brücker, je chie dessus, je dis, ce que je veux, enfin! Bravo! mais voyons, je veux deux cents, Goldstein écarta le combiné de son oreille, ferma le micro de sa main droite, regarda Sevilla et dit d'une voix normale, il braille comme un âne, mais ce qu'il dit n'a plus aucun intérêt, il est déjà décidé à me les donner, il continue à protester par pure conscience professionnelle, Sevilla haussa les sourcils, mais n'est-ce pas une somme énorme? vous plaisantez, dit Goldstein, rien que pour les pays de langue anglaise, vous allez toucher plus de deux millions de dollars de royalties, et quant à Brücker, ce qu'il va palper, je n'ose même pas vous le dire, il replaça le combiné contre son oreille, pardon! non, on ne nous avait pas coupés, écoutez, Brücker, vous perdez mon temps, vous perdez celui de Sevilla et vous perdez le vôtre, je dis deux cents! Comment? Vous les avez acceptés? Quand? à l'instant même? Parfait! envoyez un nouveau contrat à Sevilla et il vous le renverra par retour, je dis par retour, je m'y engage absolument, pas demain, mais lundi si vous voulez, je me ferai une joie lundi, il raccrocha, posa les deux mains à plat sur ses cuisses, son regard alla d'Arlette à Sevilla, il avait l'air fier et fatigué, des gouttes de sueur perlaient à son front, il soufflait un peu comme s'il venait de se livrer à un exercice de force, tout cet argent, dit Sevilla au bout d'un moment, Goldstein regarda sa montre et se leva, Sevilla, je vais vous dire, ne sous-estimez pas le conseil que je vais vous donner, il est sérieux, dès que Brücker vous aura versé l'à-valoir, achetez une grande maison avec un grand jardin et dans ce grand jardin, faites-vous construire un abri antiatomique, pour ma part, c'est ce que je viens de faire, j'ai l'impression qu'on se rapproche à pas de géant d'une très grosse merde à l'échelle mondiale.

*

A cette heure, dit Sevilla, Goldstein est en train de dîner dans son avion, parfaitement content de lui, il se mit à rire, il est sympathique, dit Arlette, j'ai beaucoup aimé son numéro au téléphone, avec Brücker, à demi couché sur le rocking-chair, il la regardait disposer le repas du soir, jambon, laitue, avocat, par un ingénieux dispositif les bancs, des deux côtés les plus longs, s'intégraient à la table, en la soulevant, on soulevait aussi les bancs, elle était faite d'épaisses planches de chêne noircies par les pluies, fendillées par le soleil, Sevilla la regarda avec plaisir, robuste, rustique, boucanée par son long séjour en plein air sur cette terrasse où elle vivait trois cent soixante-cinq jours par an et où elle finirait son existence sans avoir jamais bougé de plus de quelques mètres pour être portée à l'ombre à midi et au soleil couchant le soir, c'est bien connu que le chêne, s'il vieillit bien, peut dépasser six cents ans, combien de générations, Seigneur, en comparaison, quelle brièveté, la vie d'un homme, nous passons comme des insectes, aller, venir, travailler, téléphoner, faire l'amour, le temps coule, seconde par seconde, minute par minute, me rapprochant avec une lenteur inexorable du moment où j'agoniserai dans des draps souillés, j'ai un frisson de folle panique rien que de penser ça, c'est affreux et c'est incroyable, et le plus incroyable, c'est qu'on fait semblant d'oublier, on vit comme si de rien n'était, au lieu de hurler de peur, mais non, on est là, bien sage, rassuré, efficient, optimiste, on fait des projets, la vie est à nous, d'ailleurs c'est bien prouvé, ce sont toujours les autres qui meurent, du temps coula, il pensa avec remords — Michael — Michael dans sa cellule, attendant son jugement, sa condamnation, la destruction de sa jeune vie, gros ours, tu as l'air triste, mais non dit-il en souriant je réfléchis à mon livre, je me suis peut-être beaucoup avancé en disant que je l'aurai fini dans six mois, à table à table! dit Arlette, les ours, les chats, les chiens!, Sevilla se leva et l'enveloppa du regard avec tendresse, comme elle aimait répéter les mêmes rites joyeux et rassurants, il enjamba d'un mouvement vif le banc, posa ses deux mains à plat sur le plateau de chêne noirci, j'ai faim, dit-il avec courage,

il coupait la salade et le jambon en tout petits morceaux dans son assiette, un million de dollars, dit-il, qu'est-ce qu'on en fait, oh, je sais bien, on le place à dix pour cent, Goldstein *dixit*, et ils vous rapportent cent mille dollars, bien, et alors, les cent mille dollars, qu'est-ce qu'on en fait, on les dépense? cent mille dollars en un an, ce n'est pas possible, en tout cas pas avec la vie que nous menons et que nous gagnons déjà très bien, tu les places, dit Arlette avec gaieté, Sevilla leva son couteau comme une baguette, bravo, c'est le bon sens même, on les place, et l'année suivante, on a un revenu de cent dix mille dollars, à ce rythme, je double le million en quelques années, et alors, qu'est-ce qu'on fait de deux millions?, Arlette le regarda en riant, on continue, bien, dit Sevilla, on continue et quelques années plus tard, on a trois millions, et alors, puisqu'il le faut, je meurs, je laisse un million à John, un million à Alan, un million à toi, et toi, qu'est-ce que tu fais de ton million, mon pauvre petit chéri, bien entendu, tu continues, et ainsi de suite, accumulant des sommes colossales que tu ne pourras jamais dépenser, il regarda Arlette en levant les sourcils, je ne voudrais pas que tu penses que je me place au-dessus du fric, ce n'est pas vrai, les gens sont toujours un peu hypocrites quand il s'agit d'argent, ils adoptent des poses, la pose du désintéressement, ou comme Goldstein, la pose de l'avarice, en fait, je tiens d'Adams que Goldstein a élevé seul ses six frères et sœurs, son père est mort sans le sou quand il avait quatorze ans, il les a nourris tous, et en plus sa mère, sa grand-mère et une grand-tante, toute une smala, il a payé toutes les études de ses cadets, marié ses sœurs, établi ses frères, on dira que sa générosité s'exerçait à l'intérieur d'un cercle étroit, mais c'est déjà rare et merveilleux d'avoir réussi à atteindre le stade de l'égoïsme de groupe, la plupart des hommes ne dépassent jamais leur propre personne, et là-dessus, Goldstein se dit avare, et il me croit désintéressé parce que je n'ai pas investi les quinze mille dollars de mon compte, mais la vérité, c'est que j'avais peur de les perdre en les plaçant, je ne suis pas désintéressé, je suis incompétent, en réalité, ces quinze mille dollars, j'y pensais souvent, ils me donnaient un sentiment de sécurité, et crois-tu que ça me laisse indifférent, cette perspective d'un million de dollars, ne mentons pas, dans une société industrielle, l'argent est la seule liberté qui ne soit pas théorique, c'est un sentiment inouï de se dire que demain, avec ce million de dollars, nous pouvons aller vivre n'importe où dans le monde, toi et moi, en faisant exactement ce que nous voulons, entourés, protégés par cette barrière d'or, oui il y a cela, cette puissance et cette liberté, mais en même temps, j'ai un peu peur de tout ce fric, je me méfie de lui, je ne voudrais pas qu'il m'enlève mon envie de créer, qu'il me corrompe ou qu'il m'amollisse et que je commence, insidieusement, à faire pour lui des choses que je n'approuverais pas tout à fait, qu'il me ronge de l'intérieur comme un termite,

il tourna la tête vers le large, et aspira l'air avec force, le soleil plongea de l'autre côté de la falaise et la mer se couvrit de reflets mauves, douillets et rassurants, on oubliait les requins, on avait envie de s'y vautrer, elle paraissait lisse, à peine plissée, en fait, c'était la hauteur qui nivelait les vagues, elles roulaient sans déferler comme les frissons sous la peau d'un cheval, seule la dernière était brisante, ramassant, rejetant et entrechoquant les galets, les mêmes depuis dix mille ans, elle faisait en se retirant un bruit de succion effrayant comme l'aspiration avide d'un mourant, Arlette débarrassait la table, il resta seul un long moment, le journal en main, il s'ennuyait toujours quand elle n'était pas là, dès qu'elle quittait une pièce il éprouvait un sentiment de froid et d'abandon, en page trois, il tomba sur une interview d'Alan et de John que le reporter avait réussi à retrouver dans leur petit patelin de Nouvelle-Angleterre, le journaliste leur prêtait en gros titres des déclarations idiotes

NOUS NE SOMMES PAS JALOUX DE FA.
NOUS LE CONSIDÉRONS
COMME NOTRE DEMI-FRÈRE,

les pauvres gosses, ils n'avaient même jamais vu Fa, il va falloir que je décide Marian à les emmener en Europe, ils ne sont plus en sécurité ici, un de ces jours on va me les kidnapper pour exiger une rançon, mais allez convaincre Marian, il suffira que je fasse cette proposition pour qu'elle la rejette, la passion de me combattre passe toujours avant l'intérêt des enfants, il entendit le pas d'Arlette sur la terrasse, il y eut un bizarre silence, il releva la tête, elle était devant lui, elle respirait vite et fort, un petit pli de colère se creusait entre ses sourcils, ses yeux noirs brillaient comme deux grains de café, je ne sais pas, dit-elle, si c'est la célébrité et l'argent, mais je te trouve déjà assez gâté comme ça, que tu reçoives depuis le 20 février dix lettres d'amour par jour avec photos, je suppose que c'est malheureusement normal, mais que tu aies fait ouvrir par Maggie un dossier spécial pour les classer, les photos en face de chaque lettre, et que tu emportes le dossier en week-end au bungalow pour le goûter en ma compagnie, je trouve ça odieux, odieux, odieux, Sevilla haussa les sourcils, mais voyons, ce n'est pas moi qui ai eu l'idée du dossier, c'est Maggie, et si je l'ai emporté ici, c'est que je n'ai pas encore eu le temps de lire aucune de ces lettres, il se tut, les yeux d'Arlette brillaient de colère, quand elle se hérissait, sa voix même changeait, elle devenait plus grave et plus forte, son corps paraissait plus compact, elle se ramassait sur elle-même comme une forteresse, il fallait deux fois plus de temps à un argument raisonnable pour percer ses défenses, eh bien, si c'est Maggie, dit-elle nullement apaisée, elle a agi avec une rare perfidie, et toi, tu n'avais pas à l'encourager en emportant ce dossier en week-end avec moi, c'est odieux et au surplus du dernier mauvais goût, il se leva, voyons, ne prends pas ça tellement à cœur, je pensais que ce serait amusant de lire ces lettres, amusant? cette chienlit, dit-elle secouée de rage, les lettres de ces folles qui ne t'ont jamais vu et qui te proposent le mariage en termes plus ou moins voilés, et plusieurs même une liaison, je cite, *sans engagement de ta part*, Sevilla se dressa, mais tu les as lues, oui, dit-elle d'une voix forte et en même temps les larmes jaillissaient de ses yeux et coulaient sur ses joues, je me suis permis de parcourir ce... harem, ce marché aux esclaves et même d'admirer les photos, quelles robes! échancrées, suggestives, collantes — si collantes qu'on se demande si elles ne se sont pas fait coudre dedans, et ce festival de déshabillés affolants, les formes moulées ou devinées en transparence, des bikinis! et deux ou trois même sans bikini du tout, dans des poses artistiques, oh, ne ris pas, ne ris pas, je n'ai jamais rien vu de plus affreux que cet étalage de femmes qui s'offrent, quelle lamentable idée cela donne de notre sexe, vrai, je me suis sentie humiliée pour elles, stop, dit Sevilla d'une voix forte en se levant et en tendant le bras d'un air mi-plaisant mi-impérieux, il entra dans le living, marcha à pas rapides vers la petite table où il avait jeté à midi en arrivant le dossier, le saisit et revint sur la terrasse, c'est ça? dit-il en le montrant sans l'ouvrir à Arlette, oui, dit-elle, c'est bien ça, il avança jusqu'à la rambarde, ramena son bras en arrière et à toute volée, de toutes ses forces, il lança le dossier dans la mer, il y eut un brusque silence tandis qu'il s'ouvrait dans l'air en éparpillant ses photos et tombait interminablement avant de heurter l'eau avec un floc à peine perceptible, recouvert et roulé par l'écume verte du ressac, le débat est clos, dit Sevilla, il posa la main droite sur l'épaule d'Arlette, elle se laissa aller sans rien dire contre son flanc, curieux, dit-il au bout d'un moment, que le succès se traduise aussitôt en termes d'argent et de sexe, c'est-à-dire, au fond, en termes de force, nous ne sommes même pas sortis de la féodalité, le palais et le harem, le château et le droit de cuissage, nous sommes encore en pleine civilisation de la violence,

Goldstein, dit Arlette au bout d'un moment d'une voix menue, a dit quelque chose qui m'a beaucoup frappée : il a prétendu qu'on se rapprochait à pas de géant de la troisième guerre mondiale, oh, je ne sais pas dit Sevilla d'une voix brève, je ne sais pas, je te propose un tour sur la plage pendant qu'il fait encore un peu jour, il se tut tandis qu'il descendait devant elle les marches taillées dans le roc qui menaient à la petite crique, certaines étaient si étroites qu'il fallait placer le pied parallèlement à la contremarche et avancer de côté comme un crabe, il y avait encore des anneaux dans le mur rocheux à sa gauche à la hauteur de la hanche, mais le filin qui servait de main courante avait disparu, Sevilla se dit pour la vingtième fois sans aucune conviction que ça vaudrait peut-être la peine de la remplacer, il suffirait d'acheter la longueur de corde voulue, de faire un nœud en bas et un nœud en haut pour l'arrêter aux deux bouts, ce n'était vraiment rien à faire et il savait pourtant qu'il ne le ferait jamais, dans la petite crique il y avait un coin où, pour s'abriter du nordet, quelqu'un, peut-être les enfants des précédents locataires, avait élevé un mur grossier de pierres sèches, c'était fait à la diable, et une partie s'était écroulée, mais le reste tenait bon, Sevilla tendit la main à Arlette tandis qu'elle franchissait le coupe-vent, ils étaient assis épaule contre épaule, le dos appuyé contre la paroi encore chaude de la falaise, le soir où Michael m'a remis sa démission, dit Sevilla, il m'a parlé lui aussi de la troisième guerre mondiale, voici comment il voyait les choses, même en y jetant un million d'hommes les États-Unis ne pourraient pas gagner la guerre au Vietnam avec les armes classiques et à mesure que la guerre se prolongerait, les éperviers américains gagneraient en audience et réussiraient à porter à la présidence un homme encore plus réactionnaire que Goldwater, à ce moment-là, les généraux qui, comme Eisenhower, réclament depuis longtemps le recours à l'arme atomique en Asie l'emporteront, on voudra en finir avec le Vietnam et par la même occasion avec la Chine avant qu'elle soit trop bien pourvue en fusées, on montera de toutes pièces une provocation, et dans l'indignation bien orchestrée qui suivra, on jettera la première bombe au cobalt sur Pékin, et l'U.R.S.S.? dit Arlette, l'U.R.S.S., d'après Michael, interviendra tôt ou tard, d'après lui, c'est là l'erreur fondamentale des éperviers américains, ils pensent que l'U.R.S.S. laissera faire, trop heureuse de se débarrasser de la menace chinoise sur ses frontières, mais l'U.R.S.S., en réalité, ne peut pas laisser les États-Unis mettre la main sur les immenses richesses de l'Asie, devenir ainsi, à courte échéance, les maîtres de la planète et l'éliminer elle-même quand elle sera isolée, Arlette le regarda avec des yeux effarés, et toi? dit-elle d'une voix étouffée, penses-tu que Michael a raison? comment le saurais-je, dit Sevilla en écartant vivement les deux mains du corps avec irritation, pour réussir dans une tâche difficile, il faut concentrer sur elle sa pensée à l'exclusion de toute autre, il fit un petit geste nerveux et irrité de la main en prononçant « à l'exclusion de toute autre », comme s'il balayait la phrase loin derrière lui, cependant, poursuivit-il avec plus de calme, je dois dire que j'ai été impressionné par ce que Michael m'a dit, il avala sa salive d'un air malheureux, Michael était intellectuellement si honnête, il avait parlé au passé, comme s'il était mort, Arlette ouvrit la bouche pour parler, mais elle le regarda et se tut, il avait les yeux fixés droit devant lui, les sourcils froncés, les coins des lèvres tombants,

il se leva avec brusquerie, si on rentrait? dit-il d'une voix nerveuse, Arlette haussa les sourcils, déjà? mais on vient à peine d'arriver, excuse-moi, dit Sevilla en tournant la tête de son côté, et elle pensa : il me regarde sans me voir, on peut rester si tu veux, ajouta-t-il avec impatience, mais non, dit-elle aussitôt, rentrons, elle se leva et lui sourit, excuse-moi répéta-t-il avec un mélange de gêne et d'irritation, c'est ce damné bungalow, on ne fait jamais que monter et descendre, on ne peut jamais se détendre vraiment les jambes en marchant sur du plat, mais voyons, dit-elle, on pourrait faire un tour sur la falaise, ce n'est pas l'espace qui lmanque, il y a des kilomètres de palier, non, non, dit-i avec un petit geste de la main, rentrons puisque tu désires rentrer, elle se mit à rire, mais ce n'est pas moi qui veux rentrer! c'est toi, il la regarda d'un air à la fois triste, confus et impatient, mais un peu de douceur revint dans ses yeux, il esquissa un sourire, et il dit, oui, oui, c'est moi, et il s'engagea dans l'escalier de la falaise,

l'architecte du bungalow n'aimait pas plus les portes que les vitres, il n'y en avait pas entre la kitchenette et la petite salle à manger, ni entre celle-ci et le séjour, ni entre le séjour et la chambre, et pas davantage entre la chambre et la salle de bains, pendant qu'il se déshabillait, Sevilla regardait Arlette nue en train de se brosser les dents, pour mieux se voir dans la glace, elle se penchait au-dessus du lavabo, les pieds joints, incurvant son corps en avant, le ventre rentré et les fesses faisant saillie, c'était une pose gracieuse et naïve qui évoquait l'idée d'une petite fille sage, il sourit, l'air afflua avec force dans ses poumons, il freina la montée rapide, presque suffocante, de la joie, de la joie, non du désir, elle le soulevait, victorieuse comme un oiseau, mais il savait qu'il y a un point dans la conscience d'être heureux qu'il ne faut pas dépasser si on ne veut pas l'anéantir, il se sentait léger, attendri, heureux, et en même temps, attentif à ne pas l'être trop, quelle lumière le baignait, il bondissait sur les sommets jeunes du monde dans la première heure du jour, la beauté de ce corps, la gaieté, l'espoir, la gratitude, il sentit sa poitrine se dilater à la limite du supportable, le bonheur tout d'un coup s'emballa, dépassa les bornes, faillit basculer, Sevilla se mit à rire, mais oui, voyons, il fallait rire, ruser, rétablir un demi-bonheur dans le rire, il y avait toujours, vous savez bien, quelque chose d'amusant, un côté absurde, par exemple, il se sentait heureux parce qu'elle se brossait les dents, il rit, il sentait l'inauthenticité de ce rire, impossible de se maintenir plus d'une seconde sur la crête inouïe de la vie, on ne faisait que passer de phase en phase — le rire, pour fuir l'angoisse, la possession pour dépasser le rire, la tendresse pour guérir de la possession — la seconde de bonheur fou ne s'immobilisait jamais, on était poussé aux épaules par-derrière, allons, avance, avance, pourquoi ris-tu? dit Arlette penchée vers le miroir, tu as l'air d'une petite fille sage, elle tourna la tête, regarda ses yeux, capta son regard, une onde chaude lui parcourut le corps des mollets à la taille, elle rit à son tour, mais je suis sage, dit-elle d'une voix étouffée, avec un petit rire du fond de la gorge, la tête d'Arlette logée au creux de son épaule, le corps baigné de sueur allongé bien à plat, épousant le matelas de tous ses muscles détendus, il étendit le bras droit, éteignit la lumière, il y eut un très long silence, la respiration de Sevilla devint si paisible qu'Arlette pensa qu'il était endormi, pourtant quand il parla de nouveau, ce fut sur le ton de la conversation la plus ordinaire, comme s'il renouait un dialogue à peine interrompu, si les Russes, dit-il, ne bluffent pas, sa voix résonnant nette et incisive dans le silence, s'ils sont arrivés à utiliser pour la pêche une centaine de dauphins, alors, c'est qu'ils doivent être plus avancés que nous ne pensions dans la communication entre espèces, même si on laisse de côté leur bla-bla sur l'individualisme et le *struggle for life* capitaliste qui nous a amenés, nous, pauvres vilains Américains, à nous concentrer sur un seul couple, mais c'est vrai qu'on n'a encore rien fait quand on a appris à parler à deux dauphins, il nous reste à étendre la communication à l'espèce entière, ou à tout le moins à deux ou trois dizaines d'individus, et du diable si je sais comment je vais m'y prendre pour entamer ce processus.

*

Entretien de Fa et Bi avec le Professeur Sevilla lundi 9 mars 1971, 10 heures du matin

(*Note du Professeur Sevilla :* Je n'avais pas vu Fa et Bi depuis mon départ du labo, le vendredi 6 mars, et à ma vue, Fa bondit de l'eau, la frappa à coups répétés de sa queue et émit toute une série de sifflements joyeux. Pendant ce temps, Bi restait un peu à l'écart, muette et distante et me regardant à peine.)

FA. — Pa! Où étais-tu? Où étais-tu?

S. — Bonjour, Fa!

FA. — Bonjour Pa! Bonjour Pa! Bonjour Pa! Où étais-tu?

S. — Bonjour, Bi.

BI. — Bonjour, Pa. (*Bi est au centre du bassin, elle tourne lentement en rond dans le sens des aiguilles d'une montre, et m'observe du coin de l'œil quand elle passe devant moi, mais elle n'émet aucun sifflement et ne fait pas mine de s'approcher. Fa est au bord du bassin à un mètre de moi, exubérant et affectueux. Quand je me suis approché, il s'est livré à sa facétie habituelle : il m'a arrosé de la tête aux pieds.*)

S. — J'étais parti me reposer avec Ma.

FA. — Te reposer? Tu veux dire dormir?

S. — Se reposer veut dire ne rien faire.

FA. — Et ici, tu ne te reposes pas?

S. — Non, pas souvent.

FA. — Et là où tu vas, tu te reposes?

S. — Oui.

FA. — Où est-ce?

S. — Au bord de la mer.

(*Bi cesse de tourner, écoute avec attention, mais n'approche pas.*)

FA. — Ici aussi, c'est près de la mer. Quelquefois, j'entends les vagues et quand je goûte l'eau, elle a le goût des autres bêtes.

S. — Je t'ai expliqué : à la marée haute, on ouvre les vannes et l'eau du large entre dans le bassin.

Fa. — Oui, je sais. Je n'ai pas oublié. Je n'oublie rien, jamais. J'aime beaucoup quand l'eau a le goût du large et des bêtes de la mer.

S. — Bi, viens ici!

(*Bi n'obéit pas tout de suite, et quand elle obtempère, au lieu de s'approcher du bord directement, elle fait une série de petits détours pour témoigner de sa mauvaise grâce.*)

S. —Bi, qu'est-ce que tu as? Tu es fâchée?

Bi. — Tu n'as pas dit que tu nous quittais.

S. — Mais ce n'est pas la première fois. Avant la conférence de presse, je suis déjà parti deux fois.

Bi. — Oui, mais tu avais dit que tu partais.

S. — Eh bien, la prochaine fois, je te le dirai.

Bi. — Merci, Pa. C'est joli, où tu étais?

S. — Très joli.

Bi. — Qu'est-ce que tu fais pour ne rien faire?

(*Je ris, et aussitôt Fa m'imite en regardant Bi d'un air moqueur. Bi bat des paupières d'un air mécontent, mais ne dit rien.*)

S. — Je joue avec Ma, je me couche au soleil et je me baigne.

Bi. — Tu devrais nous emmener.

Fa. — Oui, Pa! Tu devrais nous emmener!

S. — Je ne peux pas, il n'y a pas de bassin.

Bi. — Où te baignes-tu?

S. — Dans la mer.

Bi. — Et les requins?

S. — Là où je suis, il n'y a pas de requins. Mais vous, ici, pendant mon absence, vous n'êtes pas à plaindre, vous vous amusez.

FA. — Oui, surtout, avec Ba[1]. Il est très gentil. Les autres aussi sont très gentils.

BI. — J'aime beaucoup Ba. Il est avec nous tout le temps. Il se baigne avec nous. Il joue avec nous. Il nous caresse. Et il parle. Il parle.

FA. — Il nous a lu des articles sur nous. Mais il n'a pas voulu expliquer. Il nous a dit : « Attendez Pa. »

S. — C'est moi qui le lui avais demandé.

FA. — Pa, j'ai eu beaucoup de peine. Il y a des gens qui ne nous aiment pas.

S. — Il y a toujours des gens qui ont peur des choses nouvelles.

FA. — Ils ont peur de nous?

S. — Oui.

BI. — Je ne comprends pas pourquoi.

FA. — Il y a un homme qui a dit : « La place d'un poisson est dans mon assiette. »

BI. — Pa, pourquoi a-t-il dit cela? Nous ne sommes pas bons à manger.

FA. — Et nous ne sommes pas des poissons!

BI. — Oh, Fa, ne sois pas si snob!

(*Je ris et Fa m'imite.*)

S. — Bi, qui t'a appris le mot « snob »?

BI. — C'est Ba. Pourquoi ris-tu? C'est un mauvais mot?

S. — C'est un très bon mot. Surtout quand Fa se vante d'être un cétacé.

FA. — Mais je suis fier d'être un cétacé. Le dauphin a le cerveau aussi lourd que l'homme.

S. — C'est bien, tu n'as pas oublié.

FA. — Je n'oublie jamais rien.

1. Bob.

Bi. — Est-ce qu'il y a d'autres articles sur nous?

S. — Nous verrons plus tard. Pour l'instant, j'ai des choses à te dire.

Fa. — Et à moi aussi?

S. — A toi aussi. Tu te rappelles, Fa? C'est toi qui as appris à parler à Bi.

Fa. — Oui, c'est moi.

S. — Et maintenant, je voudrais que, tous les deux, vous appreniez à parler à d'autres dauphins.

Fa. — Pourquoi?

S. — Deux dauphins qui parlent, ce n'est pas assez.

Fa. — Pourquoi?

S. — Ce serait trop long à expliquer.

Fa. — Ça te fait plaisir que nous apprenions à parler à d'autres dauphins?

S. — Oui.

Fa. — Alors, comment on va faire?

S. — Je vous amène des dauphins.

Bi. — Ici? dans le bassin?

S. — Oui.

Bi. — Des dauphins, ou des delphines?

S. — Une delphine pour commencer.

Bi. — Non, non!

S. — Comment, non?

Bi. — Je ne veux pas.

S. — Tu ne veux pas?

Bi. — Je la battrai! Je la mordrai!

S. — Mais voyons, Bi...

Bi. — Je lui enlèverai sa part de poisson.

S. — Mais voyons, Bi, ce serait très méchant de ta part.

Bi. — Oui!

B. — Tu veux être méchante?

BI. — Oui! Je serai très méchante, tout le temps! Je la mordrai!

S. — Mais voyons, Bi, pourquoi?

BI. — Je ne veux pas que Fa se mette en S devant elle.

(*Fa rit. Bi se tourne vers lui et lui donne un coup de queue ; il esquive et ne riposte pas.*)

S. — Bi, tu sais bien que ça se passe comme ça dans la mer.

BI. — Ce n'est pas pareil.

S. — Dans la mer, un mâle a toujours plusieurs femelles.

BI. — Ce n'est pas pareil.

S. — Qu'est-ce qui n'est pas pareil?

(*Un silence.*)

BI. — Fa et moi, nous parlons.

(*Je reste un moment muet, tant les implications de cette réponse me stupéfient.*)

FA. — Tu ne dis plus rien, Pa?

S. — Bi, suppose que l'autre delphine soit plus forte que toi?

BI. — Alors, je demande à Fa de m'aider à la battre.

S. — Et toi, Fa, tu la bats?

FA. — Oui.

S. — Pourquoi?

FA. — Je fais toujours ce que me dit Bi.

S. — Pourquoi?

FA. — J'ai envie de le faire. J'aime beaucoup Bi.

S. — Et si j'introduis un dauphin dans le bassin?

FA. — Je le battrai. Peut-être je le tuerai.

S. — Peut-être il sera plus lourd et plus fort?

FA. — Bi m'aidera.

(*Je regarde Bi, et Bi fait oui de la tête.*)

S. — Bi, à propos de cette delphine, pourquoi cela

fait-il une différence que Fa et toi vous parliez? Avant de parler anglais, vous parliez le delphinais.

Bi. — Ce n'est pas pareil.

S. — Qu'est-ce qui n'est pas pareil?

Bi. — Je ne sais pas.

S. — Est-ce qu'avant de parler anglais, tu aurais accepté une autre delphine dans le bassin?

Bi. — J'aime beaucoup Fa. J'aime comme toi tu aimes Ma.

S. — Tu as remarqué que j'aime Ma?

Bi. — Oui.

S. — Et si je n'aimais pas Ma, tu accepterais une autre delphine?

Bi. — (*Avec émotion :*) Tu vas cesser d'aimer Ma?

S. — Mais non. Je t'ai dit : « si ». Je t'ai déjà expliqué les « si ».

Bi. — Je n'aime pas les « si ». Fa comprend bien les « si », moi pas. Les choses sont vraies ou elles ne sont pas vraies. Pourquoi les « si »?

S. — Écoute-moi bien, Bi. Écoute-moi, c'est important. C'est parce que j'aime Ma que tu ne veux pas une autre delphine dans le bassin?

(*Un silence.*)

Bi. — Oui. Peut-être.

S. — Tu veux être avec Fa comme moi avec Ma?

Bi. — Oui.

S. — Et si tu ne parlais pas l'anglais, tu aurais remarqué que j'aime Ma?

Bi. — Je n'aime pas les « si ». Les « si » m'embrouillent.

S.— Essaye de me répondre, Bi, je t'en prie.

Bi. — Je ne sais pas. Je suis fatiguée.

(*Elle me tourne le dos, nage vers l'anneau en caout-*

chouc, l'enfile sur son museau et le lance à Fa qui le rattrape au vol et le lui relance. Je fais plusieurs tentatives pour renouer le dialogue. Elle ne répond pas. Il est dix heures vingt.)

*

Suzy regarda l'équipe. C'était la première réunion depuis le 20 février, les chaises étaient rangées autour de la table portant le magnétophone, le rite était toujours le même, les collaborateurs arrivaient cinq minutes à l'avance, Sevilla entrait le dernier d'un pas vif et s'asseyait le dernier, il avait substitué Simon à Lisbeth, mais soit par hasard, soit par choix, il n'avait pas remplacé Michael — un remplacement, une absence —, mais à part celle de Michael à ma gauche, les places sont bien restées les mêmes, sans le savoir, l'innocent Simon s'était, comme Lisbeth, assis à la droite d'Arlette, Peter bien entendu à côté de moi, le bras étendu sur le dossier de ma chaise, il ne me touche pas, mais je le sens qui me chauffe la nuque, et Maggie à côté de Bob, exquisement vêtu, il fait de son mieux, il prend son air le plus distant, il lui tourne à demi le dos, mais sans réussir, je parie, à décourager ses apartés, elle en fera aussi à son voisin de gauche, Simon, si sage et si timide, celui-là, avec ses pieds sous les barreaux de sa chaise, il ne lui répondra pas, mais ça ne le sauvera pas, le malheureux, bien au contraire, pour Maggie tout est aveu, même le silence

— Vous allez entendre, dit Sevilla, mon entretien du 9 mars avec Fa et Bi, écoutez-le avec attention, ce sera le sujet de notre discussion.

Il brancha le magnétophone, mit les deux mains à

plat sur la table et resta silencieux, les yeux fixés sur la bande qui se déroulait. Les voix criardes des deux dauphins prirent possession de la pièce.

— Eh bien, dit-il quand la bande fut finie, qu'en pensez-vous? Je ne vous demande pas pour l'instant de suggestions pratiques, mais une analyse de comportement. A ce niveau, qu'en pensez-vous?

Il y eut un silence et Suzy dit :

— A mon avis, la réaction de Fa est normale. J'entends : elle est conforme à ce que nous savons du comportement du dauphin mâle. Il vit seul dans un bassin avec Bi. Introduire un autre mâle implique une question de partage de la femelle et une question de hiérarchie.

— A ce compte, dit Arlette, la réaction de Bi est normale. Introduire une autre femelle dans le bassin entraînerait pour elle les mêmes problèmes.

— Pas tout à fait, dit Peter.

Arlette le regarda. Depuis que Michael était parti, il avait l'air plus assuré, plus mûr, et à l'égard de Suzy, plus calmement possessif.

— Bi, poursuivit-il, a vécu dans la mer, c'est-à-dire qu'elle a vécu dans une troupe de dauphins où les couples ne sont pas stables, où un mâle règne successivement sur plusieurs femelles. Et malgré cela, elle choisit la monogamie.

— Vous avez raison, dit Sevilla, et Peter eut l'air heureux. C'est un choix délibéré.

— Et même motivé, dit Bob de sa voix flûtée. Il portait des chaussures de toile bleue, un pantalon azur et une chemisette pervenche qui laissait voir, par un col largement ouvert, un foulard turquoise brodé de dessins noirs. Suzy le regarda. C'était vraiment exquis, cette harmonie en bleu, mais comment fait-il pour supporter un foulard par une chaleur pareille?

— Précisément, reprit Bob, je dirais qu'il y a une certaine ambiguïté dans cette motivation, car Bi n'a pas donné une explication à son attitude, elle en a donné deux. 1° Elle parle notre langue. 2° Elle désire avoir avec Fa des rapports de type humain.

Sevilla regarda Simon, les pieds recroquevillés sous sa chaise et dit avec courtoisie :

— Eh bien, Simon, qu'en pensez-vous? Y-a-t-il une ambiguïté dans cette motivation?

Simon rougit. C'était un grand garçon maigre, l'air inhibé et consciencieux, chez qui tout paraissait indéterminé, l'âge, les traits, la couleur des cheveux, les opinions.

— Peut-être, concéda-t-il avec prudence, peut-être pourrait-on dire qu'il y a ambiguïté.

Maggie lui sourit d'un air encourageant et craignant d'être mal élevé, Simon fit dans sa direction une petite grimace qui pouvait passer pour un demi-sourire, Maggie baissa les yeux, pauvre garçon, il est plein de complexes, il est si timide, avec quel air de convoitise il me regarde, on dirait un gamin des rues en arrêt devant la vitrine d'un pâtissier, je suis sûre qu'il n'a jamais embrassé une fille, en un sens c'est presque dommage que je sois engagée si avant avec Bob, si je n'avais pas peur d'exciter sa jalousie, je prendrais ce garçon en main, je suis certaine que j'arriverais à en faire quelqu'un de bien, après tout, il n'est pas laid, il a des yeux pleins d'âme, et beaucoup de chaleur cachée si j'en crois ses grosses lèvres.

— Je ne pense pas qu'il y ait ambiguïté, dit Arlette.

C'est vrai que Bi a donné deux raisons à son comportement. 1° Je parle votre langue. 2° Je désire avoir avec Fa des rapports de type humain. Mais à bien voir, ces deux raisons n'en font qu'une. Il s'agit, dans les deux cas, d'un puissant désir d'identification à l'homme.

— Bravo, Arlette, dit Sevilla avec chaleur et se tournant vers elle, il lui fit un sourire rapide. Peut-être, poursuivit-il en embrassant l'équipe du regard, vous vous rappelez qu'au moment de la conférence de presse du 20 février, un journaliste a demandé à Fa s'il considérait le fait de parler comme une promotion. Parmi tant de sottises, c'était une question intéressante. Parler la langue humaine, pour Bi, c'est bien ça, une promotion. Puisqu'elle parle, elle n'est pas si différente de nous. Donc notre type de relations amoureuses doit être aussi le sien. En prenant pour modèle la monogamie du couple humain, elle s'identifie à nous.

— C'est très intéressant, dit Peter, mais d'où vient que Fa n'ait pas la même réaction que Bi? Fa, si j'ai bien compris, n'était pas *d'abord* opposé à l'arrivée d'une deuxième delphine.

— Peut-être, dit Suzy, parce que le dauphin mâle — comme d'ailleurs le mâle de l'espèce humaine — est plus volontiers polygame...

Il y eut des rires, eh bien, pensa Arlette, c'est heureux que Lisbeth ne soit plus là, car son rire n'aurait pas été très plaisant, curieux comme il suffisait d'une seule volonté hostile pour tout gâcher.

— Vous permettez, dit Bob de sa voix maniérée en posant sa main droite sur sa hanche, vous permettez que j'apporte ma petite pierre à votre mur?, et Suzy admira une fois de plus la souplesse avec laquelle il abandonnait ses positions dès que Sevilla avait parlé.

Fa marque aussi son désir d'identification, mais il le marque d'une autre manière : par exemple, il répète en toute occasion qu'il n'est pas un poisson, mais un cétacé. Pourquoi? Parce qu'il sait que le cétacé est, comme l'homme, un mammifère. Et parce qu'il sait que le cétacé appelé dauphin a un cerveau aussi lourd que l'homme. C'est ce que j'ai appelé son snobisme. Mais ce snobisme, c'est aussi un désir d'identification à l'espèce humaine.

Sevilla marqua son approbation par un signe de tête, mais sans y mettre sa chaleur habituelle. Il se sentait agacé. Quand Bob abondait dans votre sens, il avait toujours l'air d'inventer vos propres idées.

— Eh bien, dit-il, est-ce que nous sommes tous d'accord sur cette interprétation? Simon?

— Je suis d'accord, dit Simon, et Maggie lui sourit d'un air complice.

— Je ne suis pas un moraliste, dit Sevilla, Je ne puis donc pas dire si le fait que le premier couple de dauphins à parler le langage humain adopte aussi la monogamie de l'homme occidental constitue un progrès ou non. Mais pour nous, cette mutation est un sérieux obstacle et pose un grave problème. Comment allons-nous faire maintenant pour étendre les connaissances de Fa et Bi à d'autres dauphins?

La sonnerie du téléphone retentit avec une force stridente, et Sevilla dit à Maggie avec un petit geste agacé : « Je n'y suis pour personne », Maggie se leva, se dirigea vers la petite table du téléphone et décrocha, allô? dit-elle de la voix distinguée et distante qu'elle prenait pour répondre aux appels, malheureusement, ce n'est pas possible, le Professeur Sevilla est en conférence, voulez-vous rappeler, je suis désolée, Mrs. Gilchrist, Mrs. Gilchrist! cria Sevilla en se levant avec tant de vivacité que sa chaise tomba, sans la ramasser, il se dirigea à grands pas vers le téléphone, et arracha presque le combiné des mains de Maggie. Mrs. Gilchrist, Sevilla... Quand? Hier après-midi? Mais c'est le maximum!... C'est abominable. Je ne trouve pas de mots pour vous dire... Comment a-t-il pris cela? Oui, je sais, il est si courageux... Ne vous faites pas de souci pour l'amende, je la paierai... Eh bien, disons que c'est un prêt, qu'il me remboursera à sa sortie de prison... Non, non, ce n'est rien... Oui, je lui écrirai, oui, à coup sûr, dites-lui que j'irai le voir dès qu'on m'y autorisera, je vais en faire la demande dès aujourd'hui.

Il raccrocha le combiné et fit face à ses collaborateurs. Il était pâle et ses yeux étaient vides.

— Michael, dit-il d'une voix détimbrée, a été condamné hier au maximum : cinq ans de prison et dix mille dollars d'amende.

X

De l'Université californienne où il faisait des cours très remarqués sur Husserl, le philosophe yougoslave Marco Llepovic écrivit au printemps 1972 à son ami de Sarajevo pour lui faire part de ses réflexions.

« Les élections présidentielles qui auront lieu à la fin de cette année (1972), et dont je vous dirai un mot plus loin, tant les conditions dans lesquelles elles s'engagent me paraissent saugrenues, me font revivre les sentiments que j'ai éprouvés, il y a neuf ans, au moment de l'affaire Kennedy. Qu'un grand leader politique ait été assassiné à la suite d'une ténébreuse machination policière, il n'y a là rien de bien surprenant : le drame aurait pu se produire dans n'importe quel autre pays du globe. L'inquiétant, à mon sens, c'est la passivité et la malléabilité dont les Américains ont fait preuve à cette occasion. Car enfin, voici des gens en tout point admirables : ils sont simples, généreux, accueillants, pleins de bonne volonté dans les rapports humains, disciplinés dans les rapports sociaux, très appliqués dans l'exercice de leurs professions, ils possèdent enfin dans tous les domaines un savoir-faire immense, sans parler du splendide physique que les sports et le niveau de vie le plus élevé du monde leur ont donné. Et pourtant, ces gens supérieurs sont, politiquement, des enfants. Ils se laissent manipuler et influencer avec une déconcertante facilité. Supposons que dans n'importe quel pays européen, un Président aimé et respecté ait été tué, que son assassin présumé ait été interrogé mais qu'aucune trace ne subsiste de son interrogatoire (la police locale *n'ayant pas de crédit pour acheter un magnétophone*), que cet assassin ait été tué à son tour par un gansgter dont les liens avec la police sont établis, il n'en faudrait pas davantage pour déclencher, aussitôt, un puissant mouvement d'opinion qui aurait rendu impossible, avant même qu'elle ait tenté d'éclore, la tentative officielle d'étouffement du rapport Warren. Aux États-Unis, non seulement le rapport Warren a pu naître, en raison de l'apathie de l'opinion, mais il a bien failli enterrer l'affaire, et si celle-ci, en fin de compte, a rebondi, mais trop tard — et à mon sens, sans aucune efficacité politique — c'est parce que les comploteurs, par un excès de précaution, ont fait disparaître, l'un après l'autre, quatorze témoins importants du drame. C'est la répétition des morts violentes providentielles qui a fini par réveiller l'opinion, dans une mesure encore bien modeste, alors qu'en Europe, dès le début, l'assassinat du meurtrier présumé par un gangster-flic aurait suffi pour ébranler les masses.

« Cette malléabilité du peuple américain, je la retrouve aujourd'hui, avec la même inquiétude, à l'approche des élections présidentielles. J'assiste, en ce moment, à un phénomène qui tiendrait de la farce s'il n'était, en même temps, terriblement menaçant. On est en train de *vendre* au public américain comme futur candidat à la présidence l'acteur hollywoodien Jim Crooner. Je ne suppose pas qu'à Sarajevo, tu aies jamais vu un film où cet acteur jouait : mais ici, il est fort célèbre. Physiquement, c'est un mélange de James Stuart et de Gary Cooper. Grand, mince, la cinquantaine athlétique, les cheveux à peine grisonnants, le sourire plein de bonté mélancolique, il a l'air de porter sur ses larges épaules le fardeau du genre humain. Pour les Américaines, il est à la fois un frère, un père et un mari, l'incarnation de la virilité bienveillante en trois personnes, la vaste poitrine sur laquelle il fait si bon pleurer. Pour tous, il est l'homme fort, plein de ressources et de *know-how* [1], qui, avec un minimum de paroles et quelques pincées d'humour, arrache la malheureuse blonde à cinquante Indiens qui se préparaient à la violer.

« Par malheur, le héros providentiel ne se contente plus de sauver en plein désert les héroïnes à permanente. Il va maintenant sauver les États-Unis d'Amérique (et par conséquent, le monde libre) des périls qui l'assaillent. C'est effarant, parce qu'aussi incroyable que cela paraisse à un Européen, Jim Crooner a beaucoup de chances d'être élu à la Présidence. En réalité, tout a commencé en novembre 1966, il y a six ans, quand l'acteur Reagan, qui présentait une marque de cigare à la T. V., a été élu gouverneur de l'État de Californie. L'opération Crooner est la suite logique de l'opération Reagan. Je ne sais quelles forces poussent Crooner à la tête des États-Unis. Mais il faut que ces forces soient bien puissantes pour dépenser sur lui depuis plusieurs mois des sommes

1. Savoir-faire.

fabuleuses, car cette *vente* coûte cher. Crooner a derrière lui une puissante machinerie, agence de publicité, relations publiques et brain-trust. A titre indicatif, et d'après ce qui se dit et même s'imprime ici, le film à la gloire — politique — de Jim Crooner a coûté cent cinquante mille dollars, et il a passé quarante fois environ sur différentes chaînes de télévision (qui, ici, vendent de la politique aux télespectateurs comme elles leur vendent du savon), au prix de sept mille dollars pour une heure d'émission (le film dure environ une heure) soit un total de deux cent quarante mille dollars. Ce n'est là qu'un commencement : on annonce déjà un autre film. Par ailleurs, une luxueuse brochure illustrée retraçant la vie, le combat et les idéaux de Jim Crooner a été envoyée jusqu'à ce jour à quarante millions de personnes; on estime que l'impression et l'envoi ont coûté huit cent mille dollars. Le programme politique dans tout ceci? Bien entendu, il n'y en a pas. A part son splendide physique et son merveilleux talent d'acteur, Crooner ne sait rien, ne pense rien, ne veut rien. C'est un vase vide qui attend un contenu. Ses discours, ses plaisanteries, ses anecdotes, le *sob-stuff* [1] sur son enfance pauvre, et ses reparties foudroyantes à de pseudo-adversaires lors de débats télévisés truqués, tout a été appris par cœur. L'inquiétant, dans l'opération Crooner, c'est cela précisément : le choix, pour présider aux destinées de l'État le plus puissant du monde, d'un homme aussi dépourvu d'intelligence et d'expérience politique. De Kennedy à Johnson et de Johnson à Crooner, la fonction présidentielle aura subi une dégradation stupéfiante. Kennedy avait des

1. Récit larmoyant.

idées et du courage, il savait dire « non » — on peut même soupçonner que c'est en raison de cette aptitude à dire « non » qu'il a été supprimé. Quant à Johnson, en dépit de ses évidentes faiblesses, il a quand même été élevé dans le sérail, c'est un politicien de métier; j'aime à croire qu'il s'est engagé dans des voies belliqueuses à contrecœur, peut-être avec mauvaise conscience. Les discours moraux dont il croit bon d'accompagner chaque nouveau degré de l'escalade en témoignent. Mais si Crooner est élu, la présidence des États-Unis sera occupée par un homme qui aura à peu près autant d'influence réelle sur la politique des États-Unis que Tchang Kaï-chek ou le maréchal Ky.

« Que cette dégradation soit voulue par ceux dont elle sert les desseins, c'est évidemment là l'inquiétant, car Jim Crooner fera tout ce qu'on voudra — de l'air bon, juste et responsable dont il a le secret —, y compris jeter la première bombe H sur la Chine. J'espère de tout mon cœur me tromper, mais si Crooner est élu, le monde se rapprochera à une allure vertigineuse de cette *guerre majeure* en Asie dont sortira peut-être une guerre mondiale. »

*

Arlette roula, s'étendit bien à plat sur le dos et écouta dans l'obscurité tiède le ressac battre l'îlot. Le bruit paraissait venir du port minuscule qui leur servait aussi de piscine, mais elle savait qu'il n'en était rien, le chenal, entre les rochers, était si étroit et si courbe qu'aucune vague ne pouvait déferler jusqu'aux jetées, c'est au nord, derrière le dossier de son lit, derrière le mur de la maison, derrière l'énorme citerne que le dernier cyclone avait remplie à ras bord, que la mer se brisait sur la ceinture d'écueils, c'était un côté de l'îlot où ils n'allaient jamais, de l'étendue pour rien, un petit désert de cailloux, pas une crique sableuse, pas un endroit où se baigner, ou même lancer le plus petit des deux pneumatiques, rien que des brisants, des tourbillons, des monceaux d'écume, mais au sud, sur la terrasse, on avait rapporté un peu de la terre du continent, de quoi faire pousser des bougainvilliers et décorer la longue maison basse et trapue, aveugle au nord, qu'Henry appelait le « blockhaus » parce qu'elle était construite en béton pour résister aux typhons, le seul bruit qui venait vraiment du port, c'était le sifflement continu dans les haubans du *Caribee*, parce que le beau mât en aluminium était si haut qu'il dépassait maison, îlot et rochers et s'exposait seul, comme une antenne, à tous les vents, le *Caribee* était compris dans le prix, Goldstein avait dû se fâcher pour empêcher Henry de conclure l'affaire le jour même, un an, un an déjà, et Michael, pendant tout ce temps, derrière des barreaux, sa pensée est comme un remords, n'est-ce pas horrible de se dire qu'il ne sera libéré qu'en 1976, dans quatre ans. Cinq ans de vie volée à son âge, parce qu'il n'a pas voulu prendre part à une guerre qu'il jugeait injuste, le conformisme érigé en loi tyrannique, la liberté de conscience bafouée au nom de la liberté, Lisbeth, mais je ne veux pas plaindre Lisbeth, elle a trahi, elle a essayé de nuire, les yeux de cette fille, la façon dont elle me dévisageait, je ne savais plus où me fourrer, *vous devriez bien vous rendre compte que vous ne serez jamais pour lui qu'un numéro dans une série*, mais après tout, c'était quand même bien une femme, il n'y a qu'une femme pour trouver la phrase qui fait si mal, la perfide petite trouvaille de style qu'on ne pourra jamais plus oublier, *un numéro dans une série*, Arlette sentit son visage durcir, elle étendit la main gauche, tâtonna sur la table, il était là, renversé comme toujours sur sa face lunaire, les chiffres maniérés, quasi illisibles brillant dans la demi-obscurité, quatre heures vingt ou cinq heures vingt, ils ne pouvaient donc pas écrire leurs chiffres comme tout le monde, un réveil, en principe, c'est fait pour lire l'heure, elle se retourna, il dormait en chien de fusil en faisant des *puffes*, le visage comme un enfant ou comme un lion gentil, la grosse tête posée douillettement sur ses pattes croisées, un flot de tendresse l'envahit, elle passa sa main sur l'épaule découverte et la retira aussitôt, il se réveillait si vite, je ne lui demanderai jamais, il y a des choses plus importantes dans sa vie, un homme n'est pas un outil qu'on utilise, mais pourquoi ne puis-je penser à ça sans plaindre Bi et son petit delphineau mort-né, quel chagrin elle a eu, et quelle tragédie si le premier couple de dauphins à parler un langage humain n'avait jamais plus de petit, je me souviens de la déception d'Henry, il y a un an, quand Bi refusa la présence d'une autre delphine dans le bassin et quelle joie quand Bi est devenue enceinte, *tu verras, tu verras, ce delphineau sera bilingue*, mon dieu, cet accouchement terrible, quelles heures, Bi perdue, on perdait Fa, on perdait tout, oh, je ne veux plus y penser, et depuis, ce piétinement dans l'étude des sifflements, ces difficultés inouïes, Bi, comment dirais-tu en sifflant : lance-moi cet anneau? Je ne le dis pas, pourquoi?, il n'y a pas d'anneau dans la mer, le nombre incroyable de choses humaines pour lesquelles ils n'ont, évidemment, pas d'équivalent, et certains des sifflements presque impossibles à reproduire par un organe humain, alors, *faudra-il inventer une machine à siffler le delphinais?*, Henry si découragé, si humilié, *j'ai volé ma réputation, je n'ai rien résolu, rien, rien, deux dauphins, qui parlent, ce n'est pas une espèce, Adams, vous devez comprendre que ce sera long, la recherche commence à peine, la recherche c'est long, je n'y peux rien, nous sommes à la moitié du chemin, dans deux ans, oui, peut-être deux ans, nous posséderons le delphinais et alors, nous pourrons apprendre l'anglais à toute l'espèce*, ce n'est pas faute, depuis, d'avoir travaillé comme des fous, toute l'équipe, Bob, Peter, Suzy, Simon, j'étais si soulagée quand Henry a remplacé Lisbeth par Simon, j'avais peur qu'il choisît une autre fille et qu'il en tombât amoureux, *un numéro dans une série*, c'était au moment de l'affaire de l'album, j'étais furieuse contre Maggie, elle est tombée des nues, mais voyons, Arlette, comment pouvez-vous me prêter cette, voyons, mais c'était un spectacle à dégoûter un satyre, cette collection de bonnes femmes qui se ruaient sur Henry comme des chiennes en chaleur pour le renifler, quelle image, pauvre Maggie, je ne devrais pas rire, quelle immense injustice qu'une fille comme elle, n'est-ce pas affreux de rire d'elle comme nous faisons, mais on ne peut pas toujours la plaindre, elle se répète à satiété, *voyez-vous, Arlette, le drame, avec Bob, c'est que je ne veux pas d'enfants*, les yeux sérieux, graves, fixés sur vous, le torse tendu en avant, la femme de devoir, l'intellectuelle *problematische*, mauvaise actrice par-dessus le marché, la voix, le geste, le regard, elle en met trop, *quand elle délire*, dit Henry, *je m'en aperçois aussitôt, c'est si peu artistique*, et peut-être le plus à plaindre, c'est Bob, il passe son temps à la fuir, il évite même son regard, il ne se place jamais à côté d'elle à table, *je n'ose même plus lui demander l'heure, je me demande ce qu'elle va comprendre*, il est drôle, je dois reconnaître qu'il est drôle, je n'ai jamais compris comment Henry lui avait pardonné si vite de s'être mis au service de cet horrible C, mais Henry est au-dessus de tout ça, il plane, il excuse presque tout, peut-être tient-il compte du fait que Bob, depuis le départ de Michael, s'est mis à travailler comme un fou, toujours volontaire pour tout, le résultat, c'est qu'il passe des heures et des heures avec Fa et Bi, ils raffolent de lui, il nous a presque supplantés dans leur affection, je n'aime pas ça, je me demande si Bob n'obéit pas à une consigne, il faudra que je mette Henry en garde, je n'ai aucune confiance dans ce petit serpent, si maniéré, si efféminé, si narcissique, je déteste la façon dont il entortille ses jambes sous lui quand il s'assoit, peut-être simplement, comme dit Greenson, un des *mâles américains de la génération frigide*, ces types qui préfèrent la marijuana ou le L.S.D. au sexe, qui se contentent dans ce domaine de *satisfactions rapides et faciles* (*dixit* Greenson), je trouve cet euphémisme étonnant, pauvre Bob, même pas le courage d'être vraiment pédé, un comble que j'en vienne presque à le lui reprocher, elle saisit le réveil avec humeur, fixa quelques secondes son cadran lumineux, quand on ne dort pas, le temps se traîne, il passe si vite le reste du temps, les semaines et les semaines et les semaines, deux ans déjà depuis qu'Henry, curieux que l'image du bonheur pour moi, c'est une pluie torrentielle noyant le pare-brise d'une auto, le lecteur de cartes éclairait mes jambes, j'avais peur qu'il les vît trembler, je sentais mon corps fondre sous son regard, un cyclone nommé Hanna, étrange qu'il ait tué cent cinquante personnes et qu'à moi il ait apporté une vie, une vraie vie, l'impression, avant, pendant cinq, six ans, d'étouffer dans la solitude, la confusion, et même, pendant un an, la paresse, et cette liaison inepte, intellectuellement dégradante, je me sentais comme engluée, et puis, tout d'un coup, quand j'ai été reçue à mon doctorat, cette confiance en moi, cette force, cette fierté, j'ai compris que j'allais réussir à rompre, chère Miss Lafeuille, j'ai lu votre thèse sur le comportement du *Tursiops truncatus* en captivité, et je me demande si vous n'aimeriez pas travailler avec moi, quand j'ai vu sa signature, j'ai bondi de joie, il est venu me chercher à l'aérodrome avec Michael, j'étais presque jalouse de Michael, il l'aimait tant, il l'aimait vraiment comme un fils, il lui avait appris tant de choses, et pourtant, celui des deux maintenant qui influence l'autre, c'est Michael derrière ses barreaux, il y a une magie dans ces barreaux, Henry lit toute la presse, il lit et relit ses lettres, curieux qu'on laisse partir tout ce que Michael écrit sans la moindre censure, je suppose qu'on doit photocopier tout ça et les réponses d'Henry aussi, et qu'il y a quelque part, sur le bureau d'Adams, sur celui de C, de qui d'autre encore, un admirable dossier bien en ordre avec références, notes, index analytique, commentaires nuancés pour chaque phrase d'Henry, dus aux meilleurs politico-psychologues, le dossier contre Oppie avant son procès avait plusieurs mètres de haut, mais quand je dis ça à Henry il rit, c'est tout, *que veux-tu, l'espionnage et la délation sont les deux mamelles de l'intelligentzia U.S.*, quand on pense que la C.I.A. subventionnait l'Association nationale des Étudiants et qu'une Université américaine avait accepté de servir de couverture à une *mission de spécialistes* au Vietnam, on se dit que tout, absolument tout, est possible, mais tu devrais quand même faire un petit peu plus attention à ce que tu écris à Michael, je te trouve terriblement imprudent, ta célébrité ne te rend pas tabou, rappelle-toi Oppie, mais il ne veut jamais rien entendre, quand on touche de loin ou de près à tout ce qui intéresse le courage, il a un réflexe espagnol, il se raidit et se drape, *je ne veux pas commencer par m'autocensurer*, je ferais le jeu de tous ces flics, c'est pour cela qu'ils existent : pour vous amener peu à peu à vous châtrer vous-même, et on ne peut pas dire, certes, que Henry sous-estime sa virilité, elle rit sans bruit, étendit le bras et posa le bout des doigts sur son épaule, au bout d'un instant, elle sentit qu'il refermait sa main sur la sienne, elle dit doucement, tu ne dors pas, je peux venir dans tes bras, je peux te parler?

*

CONVERSATION DE SEVILLA ET D'ADAMS
22 JUILLET 1972, PIÈCE PL 56279, CONFIDENTIEL

ADAMS. — Je suis très heureux de vous revoir. Je ne vous avais pas vu, je crois, depuis la conférence de presse du 20 février 70, mais vous avez été assez bon, depuis, pour m'envoyer un exemplaire de votre livre. D'après ce qu'on me dit, il s'est très bien vendu.

SEVILLA. — A mon grand étonnement. Car je n'y ai mis aucun des ingrédients que Brücker m'avait recommandé, seulement les faits.

ADAMS. — Eh bien, je vais vous dire, c'est ce sérieux qui a plu.

SEVILLA. — Goldstein a une explication beaucoup plus cynique. Il prétend que le livre se serait vendu de toute façon, même si je l'avais écrit avec mes pieds.

ADAMS. — Je n'en crois rien. Votre référence à Jim Crooner a beaucoup amusé Lorrimer. Vous ne l'aimez pas?

SEVILLA. — Non.

ADAMS. — Je ne partage pas votre sentiment. Si Crooner est élu, je crois qu'il fera couler du sang frais dans les veines de notre vieille administration.

SEVILLA. — Espérons que c'est le seul sang qu'il fera couler.

ADAMS. — Vous le croyez si dur?

SEVILLA. — Je crois qu'il fera tout ce qu'on voudra.

ADAMS. — Oh, vous êtes pessimiste! Êtes-vous content des services de Goldstein?

SEVILLA. — Très. Pour ne rien vous cacher, il m'est devenu indispensable. C'est un ami.

ADAMS. — J'en suis ravi. J'apprends que votre livre va être traduit dans vingt-trois langues et qu'Hollywood va en faire un film.

SEVILLA. — Exact.

ADAMS. — J'apprends aussi que *Look* vous a acheté les droits de pré-publication pour six cent soixante mille dollars. En outre, Brücker l'a vendu en post-publication dans le Livre de Poche en version intégrale pour cinq cent mille dollars et quatre cent mille dollars en version abrégée dans le *Reader's Digest*. Brücker doit se lècher les babines.

SEVILLA. — Ce n'est pas par Goldstein que vous savez tout ça.

ADAMS. — Non. Goldstein est très discret. Ces chiffres ont été publiés la semaine dernière par *Time*. *Time* calcule que vos droits d'auteur atteignent ou atteindront en tout, films et traductions compris, trois millions de dollars. Est-ce exact?

SEVILLA. — Bravo pour *Time*.

ADAMS. — Qu'est-ce qu'on ressent, quand on devient millionnaire?

SEVILLA. — Entre autres choses, un sentiment de liberté.

ADAMS. — De liberté?

SEVILLA. — Avant, j'étais libre, théoriquement, d'acheter une grande maison dans une île des Florida Keys avec un petit port privé et un yacht...

ADAMS. — Théoriquement. Vous avez une façon originale de dire les choses. (*Il rit.*) Pour cette maison, je suis sûr que vous avez dû vous faire abominablement voler.

SEVILLA. — Non. Goldstein m'a conseillé.

ADAMS. — Vous avez dit un sentiment de liberté « entre autres choses ».

SEVILLA. — Oui. J'éprouve aussi un sentiment de culpabilité.

ADAMS. — De culpabilité? Pourquoi, de culpabilité? Vous n'avez pas volé cet argent, c'est le fruit de votre travail.

SEVILLA. — J'ai l'impression d'avoir été surpayé.

ADAMS. — Et Brücker alors !

SEVILLA — Je ne pense pas à Brücker. J'ai l'impression d'être surpayé par rapport à des gens qui travaillent beaucoup et gagnent peu.

ADAMS. — Oh, oh. N'était le yacht, je vous soupçonnerais d'être socialiste. Mais voyons, ces gens dont vous parlez, n'ont pas vos qualifications.

SEVILLA. — Oui, mais c'est immoral qu'il y ait tant d'écart entre eux et moi.

ADAMS. — Est-ce à cause de ce sentiment de culpabilité que vous continuez à garder tout votre argent sur votre compte en banque sans le placer?

SEVILLA. — Non. Le problème est différent. L'idée que mon argent puisse travailler à ma place me répugne.

ADAMS. — De toute façon, il travaille pour quelqu'un. Votre banquier doit vous bénir.

SEVILLA. — C'est son affaire. Je suppose que c'est pour cela qu'il est devenu banquier : pour faire de l'argent avec l'argent. Mais mon affaire à moi, c'est de travailler.

ADAMS. — Alors, il faut donner vos millions. (*Il rit.*)

SEVILLA. — Oui, mais à qui? Je voudrais qu'ils soient vraiment utiles et je me méfie de la philanthropie.

ADAMS. — Voyons, je plaisantais. (*Un silence.*)

SEVILLA. — Est-ce qu'on ne pourrait pas abréger ces préliminaires? Vous êtes si nerveux que vous me faites un peu peur.

ADAMS. — Je ne suis pas nerveux.

SEVILLA. — Vous avez essuyé deux fois les paumes de vos mains avec votre mouchoir.

ADAMS. — (*Il rit.*) Il faut se méfier des scientifiques. Ils ont l'esprit d'observation. (*Un temps.*) Eh bien, j'ai de la sympathie pour vous et je pense que ce que je vais vous dire va vous bouleverser. J'ai à vous dire des choses très désagréables.

SEVILLA. — J'en avais jugé ainsi à la longueur de

votre préambule. Mais j'ai déjà rendu hommage à votre habileté.

ADAMS. — Ce n'est pas de l'habileté. C'est de l'embarras.

SEVILLA. — Eh bien, tirez! Qu'est-ce que vous attendez?

ADAMS. — Ne me boxez pas. C'est bien pire que tout ce que vous pouvez imaginer. J'ai reçu un ordre très choquant, c'est mon devoir de vous le faire connaître et j'en suis tout à fait navré. Comme vous le savez, j'ai de la sympathie pour vous.

SEVILLA. — Mais elle ne passe pas avant votre loyauté envers vos chefs.

ADAMS. — A dire vrai, non.

SEVILLA. — Eh bien, parlez. Dois-je démissionner du projet Logos?

ADAMS. — Non, ce n'est pas ça. En un sens, c'est pire. (*Un silence.*) Nous allons vous enlever Fa et Bi.

SEVILLA. — Vous allez m'enlever Fa et Bi?

ADAMS. — Temporairement. Restez assis, je vous prie. Oui, je le regrette, mais c'est un ordre.

SEVILLA. — Mais pour quoi faire? Pour les mettre où?

ADAMS. — Je ne peux pas répondre à ces questions.

SEVILLA. — Mais c'est insensé! Vous ne vous rendez pas compte! Fa et Bi ne supporteront jamais cette séparation! Vous brisez des liens affectifs vieux de plusieurs années.

ADAMS. — Bob Manning les accompagnera.

SEVILLA. — Bob!

ADAMS. — Je vous en prie, maîtrisez-vous. Ressentez-vous un malaise? Voulez-vous que...

SEVILLA. — Non, merci. Ce n'est rien. Ça va passer.

(*Un silence.*) Tout ceci est d'une abominable hypocrisie. Adams, je vais vous dire ce que je pense : depuis deux ans, vous me faisiez bonne figure, et depuis deux ans, Bob, sur votre ordre, derrière mon dos...

ADAMS. — Ce n'était pas mon ordre. Mais c'est moi qui le lui ai transmis. Ma responsabilité s'arrête là.

SEVILLA. — Quel répugnant machiavélisme! Et dans quel but, je me le demande!

ADAMS. — Je vais être franc : nous avons décidé de vous tenir à l'écart de toutes les utilisations pratiques...

SEVILLA. — Vous voulez dire de toutes les utilisations militaires...

ADAMS. — J'ai dit pratiques.

SEVILLA. — Mais Bob, lui, est plus souple. Il pourra donc savoir où vous allez fourrer Fa et Bi et quelles idioties vous allez leur faire faire.

ADAMS. — Nécessairement, puisqu'il les accompagnera.

SEVILLA. — Je n'en crois pas mes oreilles! Vous avez oublié que Bob est une créature de Mr. C?

ADAMS. — Je ne vois pas que ce soit gênant.

SEVILLA. — Le noble Mr. C est donc, lui aussi, dans cette affaire!

ADAMS. — Pas le moins du monde.

SEVILLA. — Pensez-vous que Bob bouge le petit doigt sans avertir Mr. C.?

ADAMS. — Cela nous regarde.

SEVILLA. — Mais le projet Logos, dans tout cela? Qu'est-ce qu'il devient? C'est insensé! Nous sommes à mi-chemin de l'étude des sifflements, et vous nous enlevez nos sujets! les seuls dauphins qui puissent, à l'heure actuelle, coopérer avec nous! Mais c'est monstrueux! Songez à votre responsabilité devant la science s'il leur arrivait quelque chose.

ADAMS. — Il ne leur arrivera rien du tout. La séparation n'est que temporaire. Nous vous rendrons Fa et Bi.

SEVILLA. — Dans combien de temps?

ADAMS. — Je ne suis pas autorisé à vous fixer une date.

SEVILLA. — Et vous ne craignez pas qu'à leur retour ils me racontent ce qu'ils auront fait avec vous?

ADAMS. — Ils n'auront rien fait qu'ils ne puissent vous raconter.

SEVILLA. — Dans ce cas, pourquoi ne pas m'autoriser à les accompagner?

ADAMS. — Je vous l'ai déjà dit.

SEVILLA. — Je n'ai pas le droit de voir ce qu'ils font, mais ils auraient le droit de me le raconter!

ADAMS. — Ce genre de contradiction ne me gêne pas.

SEVILLA. — Je me demande ce qui vous gêne! Avez-vous seulement pensé à demander l'avis de Fa et Bi avant de les enlever à leur famille? Car nous sommes leur famille, j'espère que vous le comprendrez. Adams, écoutez-moi, je n'ai pas honte de le dire, je les considère comme mes enfants.

ADAMS. — Nous avons, bien entendu, tenu le plus grand compte de l'aspect sentimental des choses. Bob a, au préalable, obtenu le consentement de Fa et Bi à ce voyage.

SEVILLA. — A mon insu!

ADAMS. — Bob leur a précisé qu'il les accompagnerait. Ils aiment beaucoup Bob, comme vous savez.

SEVILLA. — Il a fait tout ce qu'il fallait pour ça,

l'abominable petit serpent! Il m'a trahi deux fois. En m'espionnant pour le compte de C, et en captant, sur votre ordre, derrière mon dos, l'affection des dauphins pour se substituer à moi.

ADAMS. — Il me semble que vous dramatisez beaucoup. Fa et Bi, après tout, ce ne sont que des bêtes.

SEVILLA. — Mais vous ne comprenez rien! Ils parlent, j'ai avec eux beaucoup plus de contacts qu'avec certaines personnes. Fa et Bi sont des êtres comme vous et moi ; et je les aime comme mes enfants, je vous l'ai déjà dit.

ADAMS. — Je n'avais pas pris ça littéralement. Je suis navré. D'autant plus qu'il me reste à vous apprendre le pire. Je crains de vous faire beaucoup de peine.

SEVILLA. — Vous ne me ferez aucune peine : je vous donne ma démission.

ADAMS. — Je dois vous prévenir loyalement...

SEVILLA. — Je ne crois pas à votre loyauté.

ADAMS. — Sauf à l'égard de mes chefs, je sais. Eh bien, c'est en leur nom que je parle. Si vous considérez votre démission comme un moyen de pression pour nous faire renoncer à notre projet, vous vous trompez. Nous n'y renoncerons pas. Et si, malgré tout, vous persistez à nous donner votre démission, nous sommes, cette fois, décidés à l'accepter.

SEVILLA. — Vous ne parleriez pas autrement si vous vouliez m'inciter à vous la donner.

ADAMS. — Pas du tout.

SEVILLA. — Allons, allons, Adams! Ne sous-estimez pas mon intelligence. Croyez-vous que je ne comprenne pas pourquoi ma démission vous arrangerait?

ADAMS. — Je ne vois vraiment pas pourquoi.

SEVILLA. — Parce qu'elle vous garantirait la discrétion de Fa et Bi à mon égard, une fois leur mission accomplie.

ADAMS. — Il ne s'agit pas d'une mission.

SEVILLA. — Si! Et diablement importante, puisque vous êtes prêts, pour elle, à mettre en danger le projet Logos. Un projet pour lequel vous avez dépensé, depuis dix ans, des sommes colossales!

ADAMS. — Vous exagérez beaucoup. Le projet Logos n'est nullement en danger. Fa et Bi vous seront rendus sous peu sans une égratignure.

SEVILLA. — Et moralement, vous me les rendrez intacts?

ADAMS. — Je ne vois pas ce que vous voulez dire.

SEVILLA. — Je vais vous poser une question : savez-vous comment Fa et Bi réagiront, après coup, à ce que vous leur aurez fait faire?

ADAMS. — Je ne comprends pas le sens de votre question. Nous ne leur ferons rien faire d'anormal. (*Un silence.*)

SEVILLA. — Et vous n'avez pas peur qu'en rentrant, je dissuade Fa et Bi de partir avec Bob?

ADAMS. — Si. Justement. Nous y avons pensé. Nous avons pris nos précautions.

SEVILLA. — Quelles précautions?

ADAMS. — Je vous ai dit qu'il me restait à vous apprendre le pire. Le voici : quand vous rentrerez, vous ne trouverez plus Fa et Bi. Notre équipe est en train de les emmener.

SEVILLA. — Mais c'est un abominable guet-apens! Vous m'avez fait venir ici, et pendant ce temps... Mais c'est odieux! Les mots me manquent, comment pouvez-vous traiter vos semblables avec un tel mépris!

Vous m'avez manipulé de la façon la plus cynique.

ADAMS. — Maîtrisez-vous, je vous prie. De toute façon, ça ne change rien. Nous avons voulu éviter des scènes désagréables.

SEVILLA. — Vous n'avez pas cessé de jouer votre partie derrière mon dos. C'est affreux. Vous vous êtes conduit à mon égard avec l'hypocrisie la plus répugnante!

ADAMS. — J'ai reçu des ordres et je les ai exécutés.

SEVILLA. — C'était des ordres ignobles, permettez-moi de vous le dire.

ADAMS. — Pourquoi ne pas le dire vous-même à Lorrimer? C'est lui qui me les a donnés.

SEVILLA. — Écoutez, Adams, je... (*Un temps.*) N'essayez pas de me provoquer. Vous seriez trop content de me démissionner.

ADAMS. — Personne ne songe à vous démissionner. Vous souffrez d'un complexe de persécution.

SEVILLA. — Avez-vous d'autres remarques à faire, à part celles concernant ma psychologie?

ADAMS. — Non.

SEVILLA. — Dans ce cas, je suggère que nous mettions fin à cet entretien. Je trouve cela si abominable, si écœurant. Je préfère m'en aller. Réellement, c'est à peine si je peux supporter votre vue.

ADAMS. — Croyez-le ou non, Mr. Sevilla, je suis navré. Au revoir.

SEVILLA. — Je ne pense pas que nous nous reverrons.

*

Le 14 août 1972.

Cher Mr. Sevilla,

La commission s'est réunie hier et m'a chargé de vous communiquer ses décisions. Les expériences que vous poursuiviez dans le bassin B sur l'hydrodynamique de la peau ayant été interrompues en 1966 afin de vous permettre de concentrer vos efforts sur les expériences linguistiques du bassin A, et celles-ci ne pouvant être poursuivies pour le moment, étant donné le départ de vos sujets — c'est le terme que nous vous demandons d'employer dans cette correspondance —, la commission a estimé qu'il ne lui serait pas possible de demander au Congrès le renouvellement des crédits de fonctionnement du laboratoire que vous dirigez.

En conséquence, la commission vous prie d'aviser vos collaborateurs que les dédits prévus dans leurs contrats en cas de résiliation avant terme leur seront réglés dans les plus brefs délais. Il va sans dire que les même dispositions sont prises à votre égard.

La commission a nommé le Dr. Edward E. Lorensen curateur à titre provisoire du laboratoire que vous dirigiez. Il se mettra en contact avec vous à partir du 16 août, et prendra toutes les initiatives nécessaires au classement et à la conservation des fiches, archives, enregistrements, films et documents du laboratoire. La commission vous demande de faciliter au maximum la tâche du Dr. E. E. Lorensen, et m'accuser réception de la présente lettre.

Sincèrement vôtre,

D. K. ADAMS.

Le 15 août 1972

Cher Mr Adams,

J'accuse réception de votre lettre du 14 août. Mes collaborateurs et moi-même serons à partir du 16 août à la disposition du Dr Lorensen.

Je n'aime pas l'idée de demander quoi que soit à la commission. Néanmoins, je pense que je dois le faire, dans l'intérêt même de mes sujets. J'aimerais, quand ils seront de nouveau accessibles, qu'il me soit accordé de leur rendre visite[1].

Sincèrement vôtre,

H. C. SEVILLA.

Le 15 août 1972

Cher Mr Sevilla,

Suite à mon télégramme de ce jour, je vous confirme que je ne pourrai arriver que le 20 août, ayant été retardé.

En acceptant la tâche qui m'a été confiée, j'ai tenu à souligner que je compte me tenir dans les limites étroites de mes fonctions de curateur. Dans l'hypothèse où vos sujets seraient rendus au laboratoire que vous dirigiez, j'ai nettement fait comprendre à la commission que je ne comptais en aucun cas prendre la suite de vos travaux. J'espère en effet que, dans cette hypothèse, il vous sera possible de revenir sur votre démission, et de finir vous-même la tâche que vous avez si brillamment commencée.

J'imagine que vous devez être très contrarié d'être séparé de vos sujets, mais que c'est une consolation

1. Cette lettre resta sans réponse.

pour vous que votre assistant ait accepté de les accompagner.

Bien sincèrement,

E. E. LORENSEN.

Le 16 août 1972

Cher Mr Lorensen,

Votre lettre me donne beaucoup d'estime pour vous, et un renouveau d'amitié pour l'animal humain, qui, en ce moment, ne m'apparaît pas, je dois le dire, sous des couleurs bien flatteuses.

Je crains que les faits ne vous aient été présentés d'une façon inexacte. J'ai donné ma démission oralement, sous le choc que j'ai ressenti en apprenant que mes sujets allaient m'être enlevés. Mais je n'ai confirmé cette démission ni dans la suite de l'entretien, ni bien entendu, par écrit. D'autre part, c'est sans mon consentement, et même à mon insu, que mon assistant a accepté d'accompagner mes sujets.

Je ne rétablis pas les faits pour que vous reveniez sur votre décision. Bien au contraire. Je préfère que ce soit vous qui assuriez les fonctions de curateur, plutôt qu'un autre chercheur qui n'aurait pas vos scrupules.

Je vous attends le 20. Sincèrement vôtre,

H. C. SEVILLA.

Le 18 août 1972

Cher Mr Sevilla,

Je suis de nouveau retardé et je ne pourrai arriver que le 25.

Je suis désolé des précisions que vous m'apportez.

Elles jettent une lumière singulière sur le rôle joué par votre assistant et sur le souci de vérité des bureaucrates qui nous dirigent. Ayant « acheté » des cerveaux — ici et en Europe —, ils ont l'impression qu'ils peuvent en faire ensuite tout ce qu'ils veulent.

Je n'ai pas caché à Adams qu'à mes yeux c'était une folie de vous enlever, même temporairement, vos sujets. Je ne vois aucune utilisation pratique qui soit assez importante pour justifier l'interruption d'une recherche fondamentale.

Bien sincèrement,

E. E. LORENSEN.

*

Dans les îles des Florida Keys, je n'aimais ni les marais ni les palétuviers, ni la route avec ses ponts d'île en île jusqu'à Key West, je voulais une île avec des rochers, une île qui en soit une, avec une ceinture d'écueils, et quand j'ai vu les rochers d'Huatuey avec le *Caribee* au mouillage dans le petit port, mon cœur a bondi, le *Caribee*, c'était un beau jouet verni pour adultes, un rêve d'adolescent devenu vrai à un âge où on peut encore l'aimer, et maintenant, il faut que je me cravache pour le sortir, Arlette lit sur la plage avant, si elle restait dans le cockpit avec moi, on recommencerait à parler de Fa et Bi, et moi, d'être seul, silencieux, replié, à barrer le *Caribee*, cela me calme, elle le sent, elle va souffrir de son côté en faisant semblant de lire, où je suis, je n'aperçois de l'autre côté du roof que l'auréole de l'immense chapeau de paille dont elle se protège la tête, elle a dû retirer son bikini pour dorer les zones pâles de sa peau, même de penser à son corps ne me fait plus plaisir, étrange comme la douleur morale efface le désir même quand l'amour reste intact, c'est comme s'il y avait dans la douleur une diminution qui vous pousse à vous diminuer davantage, une mutilation qui réclame d'autres mutilations, c'est faux, c'est archi-faux qu'il y ait dans la souffrance une vertu magique, la souffrance est défaite, paralysie, humiliation, rien de bon, jamais, n'est sorti d'elle, il faut la vaincre, et moi, pour la vaincre, je fais joujou avec le *Caribee*, ce bateau, c'est ma drogue, le roulis me berce, je me fuis, je me fuis consciemment, les deux mains sur la barre, je reçois le suroît grand largue et je gîte à bâbord, appuyé contre le vent, ma hanche se soulève à intervalles réguliers pour laisser passer la houle longue qui m'attaque par le travers, je poursuis ma route vers le large, l'énormité de l'Océan s'étend devant moi, sans trace humaine, la terre derrière moi, diminuée, brumeuse, son parfum de feuille et de fumée se diluant peu à peu dans l'air salé et l'odeur de vernis neuf, derrière moi, le sillage, non pas droit, mais courbé à tribord par la dérive de ma course, huit nœuds peut-être, je taille ma route en refoulant l'écume des deux côtés de mon étrave, ma grand-voile bleue gonflée sans un faux pli de bas en haut, le foc génois rouge vif saillant comme un ballon, le mât courbé sous l'effort, les haubans de tribord tendus et vibrants comme des cordes de violon sous l'incroyable pression de la jolie brise force 4 qui peut encore forcir, mais sans danger, sans le souci de rouler de la toile et l'anxiété de courir à l'abri, beau fixe éclatant, insolent, sans un nuage, le soleil encore haut, une mer d'une coloration rassurante, un beau bleu profond sans traîtrise, vent et houle se contenant, laissant sentir des réserves de forces comme un tigre qui ronronne avec douceur tandis que les terribles muscles roulent sous la peau comme les vagues soulevant l'eau sans déferler, je referme les doigts sur la barre pour le plaisir de caresser l'acajou poli, mais je n'ai pas besoin de barrer, le *Caribee* s'équilibre sans dérapages ni écarts, sans loffer ni laisser porter, glissant dans le silence, ou plutôt, au milieu des bruits légers, discrets, berceurs, dont le silence est fait, le déchirement de soie de l'eau fendue par la proue, le clapotis de la lame sur le flanc de la coque, le sifflement de la brise dans les haubans tendus, le grincement de mouette des poulies, la plainte de la coque quand elle retombe dans le creux et son frémissement subit quand elle reprend son vol au ras d'une lame, moitié oiseau, moitié poisson, une aile rouge, une aile bleue, et son beau corps rond, lisse, verni, allongé se coulant dans la mer,

il ne se coule pas vraiment, Fa, lui, se coulait, sans sillage ni turbulence, c'était une joie de suivre sa souple avancée entre deux eaux, sans un remous, l'œil tendre et malicieux fixé sur moi, dès qu'il prenait son tournant, avec l'air de me dire, Pa, ne t'en va pas, Pa, reste encore un peu, Pa, tu es toujours parti, huit ans déjà depuis qu'il mordillait le biberon en se serrant contre nous peureusement, il se mettait à siffler et à grincer dès qu'il se sentait seul, nous étions épuisés par les veilles, c'est à ce moment-là que j'ai trouvé les deux petits radeaux en polyester entre lesquels il se tenait et qui, dans une certaine mesure, nous remplaçaient, du moins la nuit, quelle place il a occupé dans notre vie pendant tant d'années, l'unique préoccupation, le seul souci, le seul travail, nous avons pris tant de peine pour lui apprendre les cinq premiers mots, et ensuite, quelle accélération fantastique avec Bi, un cyclone nommé Hanna, oh, revivre, revivre toutes les secondes de ces six dernières années, pleines à ras bord de travail et de bonheur, cette portion de vie que j'ai vécue pour la première fois sans qu'une partie de moi soit sacrifiée à l'autre, sans me sentir sevré et mutilé, sans la suite imbécile de petites aventures sèches et dures à la Ferguson, Arlette et moi, les dauphins, l'équipe, Michael, quelle vie riche, dense, créatrice, allons encore une fois, allons encore une fois, la stupeur, l'interrogation sans trêve, le ressassement infini, je n'en finirai pas, ces pensées qui me rongent comme des rats, toujours les mêmes, elles tournent en rond comme dans le délire, la même itération maniaque, Lisbeth, Adams, Bob, Bob surtout, le moins motivé des trois, rampant millimètre par millimètre vers le but assigné pendant deux ans, mangeant avec nous, buvant avec nous, amical, souriant, zélé, je sais, on peut *sourire, sourire, sourire et être un traître*, mais l'absence incroyable de tout mobile, il ne nous haïssait pas, même pas, il n'a pas agi comme Lisbeth par esprit de vengeance, ou par obéissance comme Adams, le mal pur, gratuit, incompris de celui même qui le fait, je me souviens de son étonnement quand il m'a entendu dire, un jour, que j'aimais Fa, vous aimez Fa? mais oui, ça vous étonne? Mais, dit-il, Fa, après tout, ce n'est jamais qu'un sujet, comme un cobaye, un rat, un chien, nous l'avons tous regardé, stupéfaits, horrifiés, même Maggie, mais Bob, voyons, depuis tant d'années, il s'est repris, il a ri, il a tourné ça en plaisanterie, mais là, dans un éclair, son insensibilité, son inhumanité radicale, son irrémédiable sécheresse de cœur, j'aurais dû être plus attentif et me méfier, mais à partir du moment où il est devenu la mouche de C, il est devenu tabou, même maintenant je n'arrive pas à me faire à l'idée que Fa et Bi, plus jamais, je me souviens quand j'ai quitté Marian, je me réveillais la nuit, paniqué, trempé de sueur, à la pensée que je ne vivrais plus quotidiennement avec les deux garçons, c'était comme un coup de poignard en plein cœur, j'étais paralysé par une douleur dont je n'envisageais pas la fin, et pourtant, à cette époque, je les voyais deux ou trois fois par semaine, il y eut en lui un déclic, il regarda son bracelet-montre, deux heures déjà qu'il poussait le *Caribee* vers le large, il était temps de faire demi-tour, il voulait revenir avant la nuit, le chemin était impossible à prendre dans l'obscurité, il n'était même pas balisé, il libéra l'écoute de grand-voile, rentra le bôme, poussa la barre sous le vent, le *Caribee* loffa, le bôme déborda à droite, il défit l'écoute du foc et l'amarra sur son taquet tribord, j'aurais pu t'aider pour le foc, cria Arlette de la plage avant, il fit non de la main, mollit l'écoute de grand-voile et l'amarra à son tour, je suis cuite, dit Arlette avec une fausse gaieté en sautant dans le cockpit, je vais m'habiller, elle disparut dans la cabine et une minute plus tard réapparut, vêtue d'un maillot rayé de marin, elle nicha son épaule contre celle de Sevilla, et elle dit d'une voix sourde, c'est à peine si je suis arrivée à lire, j'ai un cafard fou, à part te perdre je ne vois pas ce qui aurait pu arriver de pire, tu te rappelles comme on était heureux quand on a acheté la maison, et maintenant, tout est gâté, gâché, je n'arrive pas à y croire, j'ai l'impression qu'on va revenir en arrière dans le temps, comme un film qu'on enroule, qu'on va retrouver le labo, Fa et Bi dans le bassin, l'étude des sifflements, j'ai l'impression d'avoir perdu mes enfants, ma raison de vivre, j'ai sans arrêt envie de pleurer, il lui prit la nuque dans la main droite et attira sa tête contre son cou, oui, dit-il, il y a Fa et Bi, il y a aussi le travail, c'est terrible, après ces huit ans de recherches, de se retrouver les mains vides, sans rien à faire qu'à ressasser le passé, deux pauvres chômeurs sur un monceau de fric, il sourit avec amertume, le *Caribee* cinglait vers la maison qu'ils avaient aimée, les quatre heures en mer n'étaient qu'une parenthèse, ils revenaient vers le vide de leur vie, sans les dauphins, sans l'équipe, sans but, écoute, dit Sevilla, on va devenir fou, on ne peut pas continuer comme ça, nous partirons, j'ai pensé que tu aimerais connaître l'Espagne, demain, je téléphonerai à une agence, nous pourrions nous envoler à la fin de la semaine.

*

DÉPARTEMENT D'ÉTAT, WASHINGTON, D.C.

Professor H. C. Sevilla
Huatuey Island
The Florida Keys
Florida

Nous désirons vous informer que, par décision du Département d'État, en date du 24 août 1972 votre passeport et celui de Mrs H. C. Sevilla ont été annulés.

*

ENTRETIEN DE H. C. S., VISITEUR,
ET DU DÉTENU C. B. 476,
PRISON DE SING-SING, 22 DÉCEMBRE 1972,
PIECÉ R. A. 74. 612 CONFIDENTIEL

VISITEUR. — Comme vous le savez, je serais venu vous voir plus tôt si on m'y avait autorisé.

DÉTENU. — Je dois vous dire que je suis étonné de vous rencontrer dans de telles conditions de silence et de confort. C'est tout à fait inhabituel.

VISITEUR. — Je suppose qu'on désire enregistrer notre conversation.

DÉTENU. — Vos facultés déductives me paraissent inentamées.

VISITEUR. — Ce n'est pas une question de déduction, mais d'habitude. Je vous trouve en bonne forme.

DÉTENU. — On ne peut pas nous reprocher de mener une vie irrégulière.

VISITEUR. — Bon moral?

DÉTENU. — Le pire est passé.

VISITEUR. — Vous avez eu des difficultés?

DÉTENU. — Dans les premiers temps, oui, beaucoup, avec mes codétenus. Ils n'approuvaient pas mes opinions. Vous n'avez pas idée à quel point les classes criminelles sont conservatrices.

VISITEUR. — Quel genre de difficulté?

DÉTENU. — Ils interprétaient mon refus de servir au Vietnam comme une lâcheté. Pour eux, j'étais un *nervous Nelly*[1]. J'ai dû me battre.

1. « Lavette ». L'expression fut, pour la première fois, appliquée aux réfractaires par le Président Johnson.

VISITEUR. — Alors?

DÉTENU. — Huit jours de cachot à chacun. J'ai dit que c'était moi qui avais commencé. Mon adversaire aussi. Ici, comme vous savez, nous avons une haute idée de l'honneur.

VISITEUR. — Je suppose qu'après cela, votre statut moral s'est beaucoup amélioré.

DÉTENU. — Beaucoup. Je n'étais plus un lâche, mais un cinglé. Et les cinglés, ici, ne sont pas mal vus.

VISITEUR. — Parlons de nos lettres. J'en ai reçu vingt-sept au total.

DÉTENU. — J'ai fait le même compte. Aucune ne s'est donc perdue.

VISITEUR. — Et aucune n'a été censurée.

DÉTENU. — Les vôtres non plus.

VISITEUR. — A la bonne heure. Nous vivons dans un pays libre.

DÉTENU. — Je suis bien placé pour m'en féliciter tous les jours. Avez-vous réussi à savoir pourquoi on a annulé votre passeport?

VISITEUR. — Oui. Bien que mes relations avec des *personnes politiquement suspectes* soient critiquées, je ne suis pas un *risque de sécurité*, et j'ai toujours été *loyal envers mon pays*. Cependant, si je devais me rendre à l'étranger, on ne pourrait pas m'assurer une *protection adéquate*.

DÉTENU. — Bravo. On a donc agi au mieux de vos intérêts. Avez-vous rendu publique l'annulation de votre passeport?

VISITEUR. — Non. Goldstein me l'a déconseillé.

DÉTENU. — Peut-être a-t-il eu tort?

VISITEUR. — Je ne sais pas. Goldstein a été épatant. Il s'est démené comme un lion. Rien ni personne ne l'obligeait à tant se mouiller pour moi. Goldstein pense que rendre publique l'annulation est une arme que nous devons tenir en réserve.

DÉTENU. — Goldstein ne vous a pas conseillé d'espacer vos rapports avec des personnes politiquement suspectes?

VISITEUR. — Absolument pas.

DÉTENU. — Je lui en sais gré. Mais je dois vous dire, cependant...

VISITEUR. — Ne dites rien. Vous allez dire des bêtises.

DÉTENU. — Bon, je me tais. Si vous me permettez de le dire, vous aussi, vous me paraissez en bonne forme.

VISITEUR. — Nous avons eu un moment très dur quand on nous a enlevé Fa et Bi. Ça a duré deux mois. Puis, j'ai acheté un dauphin, plus exactement, une delphine, et j'ai organisé un laboratoire privé avec mes propres fonds.

DÉTENU. — Où avez-vous placé votre delphine?

VISITEUR. — En bas de la maison dans l'île, j'ai un petit port privé.

DÉTENU. — Vous ne le fermez pas?

VISITEUR. — Si. Je tends un filet entre les deux môles en profondeur et en hauteur. Mais c'est presque inutile. Au bout de quelques semaines, Daisy — c'est le nom de la delphine — a appris à franchir le filet d'un bond et à s'ébattre en pleine mer. Mais elle ne s'éloigne pas, sauf quand je sors moi-même en bateau, et elle revient toujours la nuit. Elle aime dormir contre le flanc du *Caribee*. Je suppose qu'elle considère le yacht comme une sorte de supermaman delphine qui lui accorde sa protection. La nuit, je tends à nouveau le filet entre les deux môles, par mesure de sécurité contre les requins.

DÉTENU. — Parlez-moi de Daisy. Quand je pense qu'il y a deux ans que je n'ai pas vu un dauphin!

VISITEUR. — Désirez-vous que je vous envoie quelques films? Pensez-vous que vous pourrez les passer?

DÉTENU. — Sûrement. Nous avons tout ici, discothèque, cinéma, théâtre, et même une salle où on peut se bronzer à l'aide de rayons ultraviolets, mais seulement quand on approche du terme de son emprisonnement.

VISITEUR. — Pourquoi à ce moment-là seulement?

DÉTENU. — Pour avoir l'air, aux yeux de ses voisins, de revenir d'un long voyage sous les tropiques. (*Il rit.*) Sing-Sing n'est pas ce que vous croyez. Nous avons le souci du qu'en-dira-t-on.

VISITEUR. — Je vous admire d'en parler avec ce détachement. Est-ce qu'on finit par s'adapter?

DÉTENU. — Non. On ne s'adapte pas. Jamais. On vie sa vie entre parenthèses. Vous connaissez le cliché : *trouver le temps long;* jamais je ne l'ai si bien compris. Vous n'avez pas idée de la durée du temps ici. C'est incroyable. Les jours se traînent comme des semaines et les semaines comme des mois. (*Un silence.*) Parlez-moi de Daisy.

VISITEUR. — Eh bien, elle est gaie, espiègle, affectueuse, pas du tout timide comme l'était Bi dans les débuts.

DÉTENU. — Quel âge a-t-elle?

VISITEUR. — Si j'en juge d'après son poids et sa taille, elle doit avoir à peu près l'âge de Bi quand Bi est devenue l'épouse d'Ivan. Peut-être quatre ans.

DÉTENU. — Comment faites-vous fonctionner votre laboratoire?

VISITEUR. — J'ai engagé Peter, Suzy et Maggie.

DÉTENU. — Vous les payez sur vos propres fonds?

VISITEUR. — Oui.

DÉTENU. — Vous allez vous ruiner.

VISITEUR. — Oh, il y a de la marge. Et quand il n'y aura plus d'argent, je m'arrêterai. En attendant, ça marche très bien. Nous avançons.

DÉTENU. — Il y a quelque chose que je ne comprends pas...

VISITEUR. — Aussi vais-je vous l'expliquer : j'ai obtenu de Lorensen une copie de tous mes enregistrements.

DÉTENU. — Lorensen a dû avoir des ennuis.

VISITEUR. — Immenses.

DÉTENU. — Que s'est-il passé?

VISITEUR. — Rien, en fin de compte. J'ai tous les sifflements de Fa et Bi, et maintenant, ceux de Daisy.

DÉTENU. — Où en êtes-vous?

VISITEUR. — Nous avançons.

DÉTENU. — Vous ne voulez pas en dire plus?

VISITEUR. — Non. (*Il rit.*)

DÉTENU. — Je ne m'attendais pas à vous voir ainsi, d'après vos dernières lettres. Vous avez repris tout votre dynamisme.

VISITEUR. — Parlons un peu de vous.

DÉTENU. — Ce n'est pas un sujet bien intéressant. (*Un silence.*) Je suis là et j'attends.

VISITEUR. — Êtes-vous toujours aussi pessimiste sur la situation internationale?

DÉTENU. — Plus que jamais. Mais je suis optimiste aussi. A échéance lointaine.

VISITEUR. — J'avoue que j'ai été soulagé que Jim Crooner ait été battu, et Albert Monroe Smith élu à la présidence. Smith est un moindre mal.

DÉTENU. — Je ne le pense pas. Smith fera exactement ce que Crooner aurait fait à sa place. La démocratie américaine consiste à donner à l'électeur l'illusion d'un choix. Pour les législatives, il a le choix entre deux partis également de droite. Pour la présidence, entre deux candidats également réactionnaires, mais dont l'un arrive à donner l'impression qu'il est plus libéral que l'autre.

VISITEUR. — Oh, vous exagérez! Je ne mets pas Smith et Crooner dans le même sac.

DÉTENU. — Je n'exagère pas. Voulez-vous quelques exemples? En 1960, vous avez voté pour Kennedy, parce que vous pensiez qu'il était plus libéral que Nixon : et Kennedy a donné le feu vert à l'invasion de Cuba et à l'augmentation massive de nos « conseillers militaires » au Vietnam. En 1964, vous avez voté pour Johnson, pour faire échec à Goldwater : mais Johnson au pouvoir nous a lancés dans l'escalade que préconisait Goldwater.

VISITEUR. — Vous pensez donc que Smith est tout aussi capable que Crooner de nous jeter dans une guerre avec la Chine.

DÉTENU. — Oui. Avec quelques discours moraux en plus.

VISITEUR. — C'est déprimant.

DÉTENU. — Pas tellement. Voyez-vous, les élections ne comptent pas. Elles sont truquées dès le principe. C'est au niveau de l'opinion publique qu'il faut lutter.

VISITEUR. — Oui, je sais. C'est le sens que vous donnez à votre prison.

DÉTENU. — Oui. Et quelquefois, je me sens découragé. La répression a marqué des points. Le nombre des réfractaires a diminué.

VISITEUR. — Mais vous avez exercé, grâce à votre prison, une grande influence sur tous les gens que vous connaissez. Écoutez, je ne veux pas citer de noms, vous comprenez pourquoi, mais moi-même, vous m'avez ouvert les yeux sur certains problèmes.

DÉTENU. — Eh bien, si c'est vrai, ça vaut bien la peine d'être ici.

VISITEUR. — C'est vrai.

DÉTENU. — Vous me faites une joie immense. Il m'avait semblé discerner depuis quelques mois un ton nouveau dans vos lettres.

VISITEUR. — J'ai décidé de ne plus tenir aucun compte des photocopies et des enregistrements... Je crois qu'il est très mauvais de s'autocensurer à l'avance. Je suis plus que jamais résolu à dire ce que je pense.

DÉTENU. — Est-il possible que j'aie eu une part dans cette décision?

VISITEUR. — Certainement. Une grande part.

DÉTENU. — Je suis heureux au-delà de toute expression. Et quelle modestie est la vôtre! Votre âge, votre position... après tout, je ne suis que votre élève.

VISITEUR. — Ça n'entre pas en ligne de compte. Quand on cherche la vérité, on ne peut pas s'arrêter à des considérations de ce genre.

DÉTENU. — C'est très généreux à vous de me le dire. (*Un silence.*)

VISITEUR. — Il est presque l'heure, je crois.

DÉTENU. — Attendez. Nous avons encore cinq minutes. Parlez-moi de Peter et Suzy.

VISITEUR. — Eh bien, vous l'avez peut-être su, ils sont mariés.

DÉTENU. — Elle me l'a écrit. Suzy est une fille magnifique. Vous savez, j'aurais pu moi-même tomber amoureux d'elle, si Peter ne m'avait pas devancé.

VISITEUR. — Elle parle de vous avec beaucoup d'amitié.

DÉTENU. — Oui. Moi aussi, je l'aime beaucoup. Je pense souvent à vous tous. (*Un silence.*) Ça n'a pas été facile de vous quitter.

VISITEUR. — Nous vous attendons. Vous reviendrez travailler avec nous.

DÉTENU. — Dans trois ans. (*Un silence.*) Dans trois ans, les sifflements n'auront plus de secret pour vous.

VISITEUR. — Il y aura d'autres problèmes.

DÉTENU. — Eh bien, alors, dans trois ans.

VISITEUR. — Je reviendrai vous voir si on m'y autorise. Il est l'heure, je crois.

DÉTENU. — Au revoir. Écrivez-moi. Merci pour votre visite, et merci aussi pour... Enfin, merci.

VISITEUR. — Au revoir, Michael.

*

Saigon, 4 janvier 1973 (U.P.I).

Le croiseur U.S. *Little Rock* volatilisé par une explosion atomique au large d'Haïphong. Pas de survivant.

XI

Comme un géant qui s'est endormi dans la certitude tranquille de sa force, et se réveille sous l'effet d'un coup porté par traîtrise pendant son sommeil, le premier mouvement des U.S.A. après l'attentat perpétré contre le *Little Rock* fut la stupéfaction. L'indignation n'apparut que vingt-quatre heures plus tard, comme s'il avait fallu tout ce temps à une émotion appropriée pour traverser ce grand corps. Mais la fureur qui s'empara alors de lui fut à la mesure de l'État le plus puissant du monde. D'un bout à l'autre de l'immense continent, une vague de colère se déchaîna et submergea comme un raz de marée cent quatre-vingts millions d'Américains. A la radio, à la T.V., dans la presse, les mots ordinaires parurent trop faibles pour exprimer l'horreur qu'un acte aussi aberrant inspirait. Une race de dieux tout-puissants attaquée dans son Olympe par une espèce inférieure n'aurait pas été plus surprise, plus horrifiée, plus dédaigneuse ni plus sûre d'anéantir, à brève échéance, ses assaillants.

Aux journalistes qui interprétaient cet état d'âme, seules les comparaisons animales parurent rendre compte du mépris où leurs compatriotes tenaient leur adversaire. Dans la presse, où apparurent des titres qu'on n'avait pas revus depuis Pearl Harbour, la Chine populaire fut communément comparée à un « *chien enragé* » qu'il fallait « *condamner ou abattre* ».

La tragédie du *Little Rock* n'avait pas laissé de survivants et n'avait pas eu de témoins. D'après l'analyse de l'air et des débris recueillis, les autorités de la VIIe Flotte avaient conclu qu'elle était due à un « *engin atomique d'origine non identifiée* ». Mais en dépit de la prudence de ces conclusions, la culpabilité des dirigeants chinois ne paraissait faire aucun doute dans l'esprit des commentateurs. La plupart d'entre eux notaient que par son *attaque par surprise* et sa *lâche agression*, la Chine s'était placée au ban des nations. Elle avait rompu la première *l'équilibre de la terreur*. La seule façon de le rétablir consistait à *punir l'agresseur par des représailles immédiates*, les plus modérés disaient sur *les usines atomiques chinoises*, et les autres, sur les *centres vitaux de la Chine rouge*. On disait centres vitaux et non pas villes, car le mot ville, beaucoup trop concret, avait l'inconvénient de faire penser aux millions de personnes qui y demeuraient.

Dans la presse, c'était sur le fondement du droit et de la morale que la protestation s'appuyait. Mais les conversations privées rendaient un son différent. Une autre motivation apparaissait, implicite, dans les surnoms donnés à l'adversaire. Le mot Chinois était peu usité : on lui préférait Chinetoques, ventres jaunes, macaques, Charley, ou avec plus de politesse, mais non moins d'hostilité, Asiates. A écouter ce qui se disait dans la rue, dans les bars, sur les lieux de travail, on comprenait que, pour les interlocuteurs, l'existence de sept cents millions de Chinois reposait sur trois péchés fondamentaux : ils étaient jaunes, ils étaient petits et ils étaient communistes. A partir de ces péchés, leurs qualités se muaient en vices. Leur intelligence n'était que ruse. Leur patience, acharnement. Leur économie, avarice. Leur ingéniosité, diablerie. En réalité, c'était aux grands hommes blancs que Dieu avait donné le monde, en même temps que le savoir et la puissance nécessaires à son exploitation. Ces petits singes jaunes, il est vrai, imitaient assez bien la science occidentale, mais l'aptitude créatrice leur faisait défaut. En outre, ils offensaient par leur nombre. Ils pullulaient. Ils grouillaient comme des fourmis. La métaphore animale continuait : du chien, on passait au macaque, et du macaque à la fourmi — et la dernière image, la plus dangereuse de toutes, car elle n'évoquait que trop bien la botte du chasseur écrasant avec mauvaise humeur, en passant, la fourmilière où elle a buté.

Parce qu'ils étaient de longue date des professionnels avisés de la politique, la plupart des représentants de la nation comprirent avant les autres le sens de l'immense vague de colère qui déferlait sur l'Union. Leurs prises de position furent rapides, astucieuses et patriotiques. Le sénateur Burton Murphy, qui avait compté jusque-là parmi les colombes les plus résolues et avait donné, la veille encore, une interview où il déplorait l'interminable guerre du Vietnam, apprit la catastrophe du *Little Rock* à dix-sept heures, tandis qu'il prenait de l'essence chez son pompiste habituel. Il revint chez lui en toute hâte et téléphona à la Maison Blanche pour assurer le président Albert Monroe Smith de son soutien inconditionnel.

Au Congrès, dans les jours qui suivirent, le dernier

carré des colombes, que les récentes élections partielles avaient encore écorné, acheva de s'effriter. Les deux tiers d'entre eux, en fin de compte, passèrent dans le camp des éperviers. Ils le firent avec une alacrité qui prouvait combien ils étaient heureux d'avoir trouvé un prétexte patriotique inattaquable pour réviser en toute bonne conscience des opinions qui ne leur avaient rapporté que des plaies. Le dernier tiers se taisait. Il n'était pas convaincu de la culpabilité de la Chine dans l'affaire du *Little Rock*. Il n'avait pas la témérité de le dire. Mais il ne se résignait pas non plus à « courir avec la meute et chasser avec la meute ».

Si le sénateur Burton Murphy étonna les milieux politiques par la rapidité de sa conversion, la plupart des prises de position qui se multiplièrent après l'atomisation du *Little Rock* n'apportèrent pas de surprise majeure. Elles retinrent, néanmoins, l'attention, en raison de la notoriété de leurs auteurs.

L'acteur Jim Crooner, ex-candidat à la Présidence, devait faire, à dix-neuf heures trente, le 5 janvier, une causerie télévisée sur l'avenir des femmes aux U.S.A. Il annonça lui-même qu'en raison de la gravité de la situation, il renonçait à traiter son sujet, mais qu'il désirait, par contre, adresser quelques mots à la nation. Tandis qu'il parlait, sa présence emplit le petit écran. L'œil sérieux et résolu, les tempes argentées, le visage marqué par les rides viriles de l'expérience, il avait cet air bon, modeste et responsable qui faisait battre le cœur de cent millions d'Américaines. Il s'exprima dans le style dépouillé de toute référence intellectuelle qui allait si bien avec son physique, et que son brain-trust avait mis au point pour lui au début de sa campagne. Il parla avec une lenteur inaccoutumée et même avec effort, comme s'il luttait avec courage contre une émotion qu'il avait peine à contrôler. « *Je ne sais ce que le Président vous dira demain*, déclara-t-il, *et bien entendu, je ne vais rien dire, ce soir, qui puisse l'embarrasser. Je sais bien ce que je ferais à sa place mais c'est lui qui tient le volant, eh bien, c'est à lui à redresser la voiture, je ne suis pas l'homme à lui crier des conseils assis sur le siège arrière*[1]. *Ça ne pourrait que le gêner. Le devoir de tous les Américains*, reprit-il avec gravité, *le mien comme le vôtre, est de s'unir devant l'attaque et de faire confiance à la sagesse et à l'énergie du gouvernement des États-Unis.* »

Le cardinal Minuteman devait faire le même jour à vingt-deux heures une causerie radiodiffusée sur l' « *Esprit de l'Évangile dans les temps modernes* ». Le prélat présentait une particularité unique dans les annales du pays : il avait reçu, sans avoir combattu, la plus haute décoration militaire des États-Unis. Mais peut-être les Forces armées avaient-elles estimé qu'il valait à lui seul une division. Quelques années auparavant, au cours d'un voyage au Viet-nam du Sud, il s'était efforcé de ranimer la foi des boys en assignant comme but à leurs efforts la « victoire finale sur les Viets ». Le commandement sut gré au prélat de cette franchise, car dans leurs déclarations publiques et en particulier à chaque nouveau degré de l'escalade, Johnson, MacNamara ou Dean Rusk n'avaient à la bouche que le mot paix. Certes, les nécessités de la diplomatie n'échappaient pas aux généraux, mais d'un autre côté, toutes ces parlotes sur les « négociations » et toutes ces promesses de

1. I ain't the man to indulge in backseat driving.

quitter le Vietnam après la paix ne faisaient pas bon effet sur les G.I.

Le cardinal fut bouleversé par la tragédie du Little Rock, mais il s'avisa dans le même temps qu'elle justifiait, après coup, la « *ligne dure* » qui avait toujours été la sienne à l'égard du communisme athée. Avec son impétuosité habituelle, il changea le sujet de sa causerie, et choisit comme texte au dernier moment les versets 24, 25 et 26 de la Genèse. « *En ces jours de deuil,* dit-il, *où la nation américaine est poignardée dans le dos par de lâches assassins, il appartient aux chrétiens de ce pays de se considérer plus que jamais comme les missionnaires du Christ et de puiser dans les textes sacrés l'inspiration de leur action.* » Il donna alors la référence ci-dessus des versets de la Genèse et les récita d'une voix puissante : « *Le cri des abominations de ces peuples* (le prélat accentua « *ces peuples* » avec colère) *s'éleva de plus en plus à la face du Seigneur.* (...) *Et le Seigneur fit descendre du ciel sur Sodome et Gomorrhe une pluie de soufre et de feu et il détruisit ces villes avec tous leurs habitants, tout le pays d'alentour avec tous ceux qui l'habitaient, et tout ce qui verdoyait sur la terre* ».

D'une façon à la fois plus brève et moins évangélique, le général George C. Curry déclara le soir même au *Washington Post* : « *Après cela, il n'y a plus qu'à les saigner à blanc.* »

Paul Omar Parson, surnommé P.O.P. par ses amis et *Deep South Babbit*[1] par ses adversaires, ne s'embarrassa pas de nuances. Il livra ses pensées en vrac à un

1. Babbit, personnage du romancier Sinclair Lewis, est le symbole de l'Américain moyen.

journaliste d'Atlanta. « *Il fallait avoir un géranium dans le crâne*[1], dit-il dans le style pittoresque qui avait tant fait pour sa popularité dans les États du Sud, *pour ne pas avoir prévu le coup. On ne pourra pas dire que je n'ai pas averti le Département d'État. Il y a des années que je lui demande : combien de temps allez-vous encore supporter l'insolence de Castro? Les vantardises de Nasser? L'agression de Charley en Asie? Et les insultes de la Chine rouge? La vérité, si on laisse de côté tout le* kafooster[2] *sur la coexistence plus ou moins pacifique, c'est que l'Amérique a été beaucoup trop patiente. Elle devrait pourtant commencer à se sentir un peu fatiguée de tendre la joue et de recevoir des coups de pied au cul en récompense de toutes les feuilles de chou*[3] *qu'elle écosse dans le monde pour les sous-développés. Sous-développés mes fesses. Ces gens-là ne rêvent que de nous mettre les tripes à l'air à la première occasion. A preuve* Little Rock. *Eh bien, que cela nous serve de leçon, Si nous ne détruisons pas, maintenant, la Chine, c'est elle qui, plus tard, nous détruira. Comprenez-moi bien : je n'ai rien contre les Chinois en tant que peuple. S'ils veulent venir ici ouvrir des blanchisseries et laver mon linge sale, je suis d'accord. Mais je ne suis pas d'accord pour qu'on laisse ces petits macaques se balader en Asie avec des bombes H. Je le répète, il faut choisir. Notre monde est un monde dur. Celui qui survit, c'est celui qui cogne le plus fort. Eh bien, le moment est venu : il faut régler son compte à la Chine. En ce qui me concerne, je ne suis pas un homme sanguinaire, mais je ne m'endormirai pas tranquille avant que*

1. Il fallait être fou.
2. Bla-Bla.
3. Les billets de banque.

la Chine communiste soit transformée par nos fusées en un immense parking. »

Comme on l'avait annoncé le 5, le Président Smith prononça une courte allocution le 6 janvier à treize heures à la T.V. Bien que son discours fût couché dans un langage élevé et en appelât à des notions d'une grande noblesse, ses conclusions implicites ne différaient pas, dans l'essentiel, de celles que P.O.P. avait développées. Tout au plus aurait-on pu relever que P.O.P. n'avait fait aucune allusion à la divinité, tandis qu'Albert Monroe Smith se conforma avec scrupule à la grande tradition de la Maison Blanche : il enrôla Dieu, la morale et les milices célestes dans la défense de l'Union. Dans les moments de crise, aucun Président américain avant lui n'avait omis de le faire, non sans raison d'ailleurs, puisque, à chaque fois, Dieu s'était laissé enrôler : jamais, en effet, le territoire nord-américain n'avait été envahi ni bombardé, et jamais les États-Unis, depuis leur fondation, n'avaient perdu une seule des guerres qu'ils avaient déclarées.

En voyant paraître une fois de plus Albert Monroe Smith sur le petit écran, on comprenait qu'il ait pu l'emporter sur Jim Crooner dans la faveur des foules. Bien qu'il eût occupé déjà des fonctions très importantes, Albert Monroe Smith gardait une apparence qui avait autant fait pour son succès que la célébrité de ses aïeux : son allure dégagée, son cou musclé de sportif, son franc et charmant sourire, lui donnaient, à quarante-cinq ans passés, l'allure d'un *college-boy*, mais en même temps, cet air juvénile était corrigé par la gravité de ses yeux gris, attentifs, profondément enfoncés dans leurs orbites. Le célèbre columniste Malcolm Munster disait du nouveau Président qu'*il avait trouvé le moyen de cumuler deux sex-appeals : celui de la jeunesse et celui de la maturité.*

Fixant des yeux graves sur le téléspectateur, le Président s'exprima absolument sans geste, d'une voix calme, contenue et même suave qui donna à son message un je ne sais quoi de clérical : « *L'Amérique*, dit-il, *a toujours été une nation foncièrement pacifique. Elle demeure aujourd'hui fidèle à sa tradition, et ne cherche à conquérir en Asie aucun territoire, aucune richesse nouvelle, mais elle est résolue à défendre, avec l'aide de Dieu, la liberté et la démocratie partout où elles sont menacées par les agressions communistes. Nos forces armées, je le répète, ne recherchent ni sur mer, ni sur terre, aucun avantage personnel. Elles sont en Asie, bien au contraire, pour permettre aux peuples opprimés par la subversion de choisir sans contrainte l'avenir qui leur convient. C'est là notre mission et notre fierté* (il fit une pause et son regard s'assombrit). *Vous n'ignorez pas que le 4 janvier 1973, jour qui restera à jamais marqué d'infamie, les États-Unis ont été l'objet, dans le golfe du Tonkin, d'une attaque brutale et délibérée. Il n'y a pas le moindre doute, ni sur la nature de l'engin qui a volatilisé le croiseur U.S.* Little Rock *ni sur l'origine de cet engin. Même s'il a été manipulé et lancé par des mains vietnamiennes, il a été fabriqué dans les usines atomiques chinoises. La Chine populaire porte donc l'entière responsabilité d'avoir la première recouru à cette arme atroce et organisé contre les États-Unis une agression qui, sinon par son ampleur, du moins par sa lâcheté, sa traîtrise et sa cruauté, rappelle l'attaque de Pearl Harbour, le 7 décembre 1941. L'Amérique ne saurait rester indifférente à l'insulte qu'elle a subie. Nous serions, certes, les premiers à applaudir si la Chine communiste consacrait ses grandes énergies à améliorer les conditions de vie de sa population. Mais nous nous voyons contraints d'intervenir quand elle n'hésite pas à recourir à l'arme de la terreur pour servir ses desseins subversifs. Si l'Amérique tolérait contre elle-même sans riposter une agression aussi odieuse, les problèmes entre les différents pays du monde ne tarderaient pas à être réglés par la force. On assisterait alors à un chantage des grands pays possédant l'arme atomique sur les petits pays qui ne la possèdent pas. Le gouvernement des États-Unis, conscient de ses responsabilités envers le continent américain et le monde libre, a mis aujourd'hui en demeure la Chine populaire d'avoir à démanteler ses usines atomiques sous contrôle international. Un délai de huit jours lui a été fixé. Passé cette date, et dans le cas d'une réponse négative ou de non-réponse, les États-Unis prendraient toutes les mesures nécessaires pour assurer leur sécurité.* »

*

Après l'allocution du Président, les États-Unis vécurent pendant une semaine une situation étrange. On n'était pas encore en guerre, mais on n'était déjà plus en paix. En général, les gens éprouvaient quelques difficultés à émerger de la vie quotidienne et à rajuster leur univers mental au grand événement qui se préparait. Dans les conversations masculines, on s'en tirait par des métaphores sportives. Par exemple, on décrivait l'agression du golfe du Tonkin en termes de football. La Chine avait marqué un but en trichant et par traîtrise. Mais elle ne faisait pas le poids, et quand les États-Unis s'y mettraient, elle ne tarderait pas à comprendre : on allait l'aplatir sous un score effrayant.

Dans le même temps, l'aspiration à se dévouer au bien commun — composante essentielle de l'âme américaine — s'enflamma, et faute de trouver aussitôt un emploi raisonnable, tourna à vide. Des milliers de gens téléphonèrent à la Maison Blanche, soit pour offrir leurs services à titre gracieux, soit pour donner aux autorités des conseils de stratégie mondiale. Les étudiantes de l'Université féminine de Vassar qui comptait dans ses murs, comme disait le communiste américain Mc Gregor, *les jeunes filles les plus riches, les plus élégantes et, sinon les plus belles, du moins les mieux lavées des États-Unis*, se réunirent pour *faire face à la situation*. Après deux heures de discussion, elles votèrent une résolution où elles se disaient prêtes à offrir au pays le bénéfice de leur *formation particulière*. Ce qu'elles entendaient au juste par là, personne ne le sut jamais, car les autorités ne donnèrent pas suite à leur offre généreuse.

Le soir même du jour où Albert Monroe Smith prononça son allocution à la T. V., à vingt-deux heures trente, un policeman arrêta et emmena au poste de police le matelot Joe Mac Clyde (U.S. Navy) et Sally Shute, trente-quatre ans, prostituée, qui se battaient en état d'ivresse sur le trottoir d'une rue d'Hoboken. D'après les déclarations de Sally, elle aurait emmené Mac Clyde dans sa chambre en déclarant : *Matelot, après ce que ces salauds ont fait au* Little Rock, *je te donnerai du bon temps à l'œil.* Mais Mac Clyde la quitta au bout d'une demi-heure environ en emportant un poudrier d'argent dans l'intention de l'offrir à sa propre sœur pour son anniversaire. Sally le poursuivit dans la rue. Joe Mac Clyde, vingt ans, un mètre quatre-vingt-deux, originaire de San Angelo (Texas), déclara au juge : *C'est seulement quand elle s'est écriée : Va te faire atomiser les c... par les Chinois, que j'ai commencé à la tabasser.* » Le juge infligea une amende et une réprimande à Mac Clyde, mais acquitta Sally Shute. Si bas qu'elle fût tombée dans sa vie privée, remarqua le juge, elle n'en conservait pas moins de vifs sentiments patriotiques, comme en témoignait sa naïve proposition au matelot Mac Clyde.

Dans un tout autre milieu, et obéissant, elle aussi, à un besoin de se dévouer, bien que de façon différente, Mary White, trente-six ans, célibataire, secrétaire de rédaction, adhéra à une secte puritaine d'Indianapolis, qui s'était donné à elle-même le nom de Fils de Marie[1]. Quand Mary arriva, avec dix minutes de retard, à la réunion qui devait se tenir le lundi 5 janvier à vingt et une heures, elle trouva les membres de la secte en plein débat : il s'agissait de savoir si, en représailles de l'atomisation du croiseur U.S. *Little Rock*, il fallait ou il ne fallait pas jeter une bombe atomique sur Pékin. La discussion devint acharnée et même violente, et Mary White éprouvait un certain étonnement; elle ne voyait pas comment la décision des Fils de Marie d'Indianapolis (Indiana) pouvait influer sur celle de la Maison Blanche. Finalement, on vota et, par douze voix contre neuf, la résolution de bombarder Pékin fut rejetée. La motion majoritaire, qui fut communiquée le soir même aux journaux locaux, expliquait que la morale interdisait d'anéantir les trois millions de Chinois de Pékin pour venger la mort de deux cents

1. Par opposition aux Fils de Marthe, évangile selon saint Luc, chap. x.

marins U.S. Elle concluait en ces termes : « *Après tout, nous sommes un peuple aux idéaux élevés.* » Bien que Mary White eût trouvé les débats quelque peu irréalistes, elle se sentit profondément satisfaite de cette conclusion.

Les personnes âgées qui avaient eu à souffrir de la Deuxième Guerre mondiale prirent une vue moins abstraite de la situation. Ernst Rosenblum, cinquante-deux ans, juif allemand émigré en 1939 aux États-Unis, exerçait la profession de tailleur à Lexington (Kentucky). Il écouta à la T. V. avec des sentiments mêlés l'allocution du Président. Bien qu'il n'eût pas sur le Vietnam des opinions très définies, Rosenblum inclinait depuis quelque temps à penser qu'il fallait « *mettre le paquet et en finir* ». Quand il avait appris la catastrophe du *Little Rock*, il avait ressenti un vif sentiment d'indignation et il avait dit à sa femme : « *J'espère que le Président va se montrer ferme.* » Et maintenant que le Président s'était montré ferme, Rosenblum éprouvait un bizarre mélange de soulagement, de fierté et d'épouvante. Sa femme Gerda était pelotonnée à côté de lui sur le canapé, ses pieds sous elle, le visage doux et usé. Elle avait l'air d'une grosse chatte qui a vieilli au coin du feu. Après l'allocution du Président, elle leva les yeux sur son mari et fut surprise par sa pâleur. Il la regarda à son tour, ses yeux rosirent et il dit d'une voix basse et furieuse : « *Und jetzt sind wir in der Scheise wieder*[1]. »

*

Un article des *Izvestia*, paru dans l'édition du mardi

1. Et maintenant, nous revoilà dans la merde.

6 janvier, apporta la première réaction officieuse de l'Union soviétique au discours du Président Albert Monroe Smith. Le rédacteur anonyme faisait d'abord remarquer que le dommage matériel et la perte en vies humaines entraînés par la disparition du *Little Rock* étaient sans aucune mesure avec la catastrophe de Pearl Harbour à laquelle le Président Smith l'avait comparée. A Pearl Harbour, la flotte américaine était au mouillage et l'état de paix régnait dans le Pacifique, tandis que depuis plusieurs années, la VIIe Flotte se livrait dans le golfe du Tonkin à des actions agressives ininterrompues contre le Vietnam du Nord, bombardé jour et nuit sans déclaration de guerre préalable, au mépris du droit des gens. D'ailleurs, l'origine chinoise ou vietnamienne de l'explosion du *Little Rock* n'avait pas été prouvée, du fait qu'il n'y avait eu ni survivant, ni épave susceptible d'être analysée. On pouvait penser, dans ces conditions, que l'engin atomique qui avait volatilisé le *Little Rock* se trouvait à bord du bateau lui-même et s'était déclenché par erreur.

En réalité, constataient avec regret les *Izvestia*, le Département d'État donnait l'impression d'exploiter l'affaire du *Little Rock* comme un *casus belli*. Le gouvernement soviétique, ajoutaient les *Izvestia*, avait mis en garde les U.S.A. contre les conséquences extrêmement graves qui découleraient pour la paix mondiale d'une agression atomique. Les milieux bellicistes de Washington, concluait l'auteur de l'article, ne peuvent pas espérer que nous resterons les bras croisés si les fusées américaines dévastaient les villes et les usines d'un pays limitrophe de l'U.R.S.S.

Les experts du Département d'État étaient divisés de longue date sur l'attitude qu'adopterait l'U.R.S.S.

dans le cas d'un conflit U.S. avec la Chine. Et l'article des *Izvestia* n'eut d'autre effet que de fortifier les deux thèses en présence. Les uns en conclurent que, tôt ou tard, l'U.R.S.S. jetterait dans le conflit le poids de ses armes. Les autres se virent confirmés dans leur idée que la Russie, malgré la fermeté de son ton, n'irait pas plus loin que des protestations verbales ou qu'une aide matérielle à la Chine si la guerre se prolongeait. Or, c'était là une hypothèse tout à fait exclue : le Pentagone avait fait savoir qu'il lui faudrait deux heures pour effacer la Chine de la carte.

Le même jour où parut l'article des *Izvestia*, l'Agence Chine nouvelle publiait le communiqué le plus long et le plus dramatique de son histoire.

L'Agence commençait par opposer un démenti catégorique aux « fabrications mensongères des bandits impérialistes yankees ». La Chine populaire n'était pour rien dans la destruction du croiseur U.S. *Little Rock*. Elle n'avait livré aucune arme atomique au Vietnam du Nord, elle n'en avait pas utilisé elle-même. Elle restait fidèle à la déclaration dont elle avait fait suivre chacune des explosions expérimentales auxquelles elle s'était livrée : « *Elle n'emploierait jamais la première la bombe atomique, mais si elle était attaquée, elle rendrait coup pour coup.* » La destruction du *Little Rock* n'était pas autre chose qu'une *vile et criminelle provocation*, machinée par les Américains eux-mêmes dans le dessein d'adresser à la Chine un *ultimatum insolent* que le gouvernement chinois ne pouvait que repousser. En outre, les *pirates yankees* avaient choisi, pour exécuter leur *dessein diabolique* dans le golfe du Tonkin, des conditions météorologiques telles que les poussières radioactives, au lieu de retomber sur leur propre flotte, devaient nécessairement retomber sur le territoire chinois.

Et c'est bien, en fait, ce qui s'était passé. Une heure environ après l'explosion du croiseur U.S. *Little Rock*, la ville chinoise de Pak-Hoï avait reçu pendant quarante-cinq minutes une pluie radioactive sous la forme d'un nuage de poussière de couleur blanche. La quasi-totalité des cinquante mille habitants de Pak-Hoï était à l'heure actuelle gravement contaminée, ainsi que les citernes qui ravitaillaient la ville en eau douce et les cultures maraîchères qui l'entouraient. Le gouvernement chinois avait mis un avion à la disposition des journalistes étrangers de Pékin qui désireraient visiter la ville et se rendre compte eux-mêmes sur place de la situation. Ce n'est pas la Chine populaire, concluait l'Agence Chine nouvelle, qui devrait démanteler ses usines atomiques, mais les États-Unis qui, après les abominables attentats de 1945 contre les villes asiatiques d'Hiroshima et de Nagasaki, venaient de commettre un troisième crime contre l'Asie en condamnant les cinquante mille habitants de Pak-Hoï à une mort atroce.

Il est tout à l'honneur de la démocratie américaine que, même à la veille d'une guerre mondiale, la liberté de la presse ait continué à s'exercer sans aucune entrave sur le territoire des États-Unis. Un reporter américain, James Bedford, qui s'était rendu le mardi à Pak-Hoï, put téléphoner le soir même au *New York Times* un long article qui fut publié le lendemain et qui confirma la contamination de la cité chinoise. Accompagné de médecins et d'interprètes, et vêtu comme eux d'un scaphandre médical, Bedford avait visité les différents quartiers de la ville et interrogé les habitants. Ceux-ci avaient vu, le 4 janvier à midi, une lumière éblouissante embraser le ciel dans la direction du Sud. Cette illumination, dont il était impossible de supporter l'éclat, car elle éclipsait le soleil en intensité, dura trois minutes. Une heure plus tard, le ciel, jusque-là parfaitement pur, s'assombrit d'un seul coup, et une fine poussière blanche et brillante tomba en pluie sur la ville. La ressemblance avec du sucre en poudre était si forte qu'un grand nombre d'enfants ramassèrent cette poudre et la goûtèrent. Ceux-là ressentaient à l'heure actuelle d'atroces brûlures et ils étaient d'ores et déjà condamnés, leur intestin refusant de fonctionner. Mais tous les habitants de la ville étaient, à des degrés divers, contaminés, les uns parce qu'ils avaient reçu les retombées sur la tête, les mains et les jambes, et les autres, simplement parce qu'ils avaient bu de l'eau de citerne radioactive.

James Bedford avait pu voir et interroger un grand nombre de malades. Chez la plupart, les parties du corps qui avaient été exposées à la terrible pluie blanche avaient pris une coloration noirâtre, les cheveux des personnes atteintes tombaient par touffes et de petites hémorragies se déclaraient qu'il n'était plus possible d'arrêter. Les analyses sanguines étaient désastreuses. Dans certains cas, on ne trouvait plus, par millimètre cube de sang, que trente globules blancs au lieu de sept mille, et six cents plaquettes de coagulation au lieu de deux cent mille. Le diagnostic était clair : la moelle des os de ces patients avait perdu la propriété de fabriquer des globules blancs. Le pronostic n'était pas moins pessimiste : étant donné le nombre incroyablement élevé des personnes atteintes, il ne serait possible de tenter la greffe d'une moelle osseuse saine que sur un très petit nombre de cas, la grande majorité des malades étant vouée à une agonie qui pouvait durer des semaines, des mois ou des années.

L'article de Bedford fit d'autant plus impression qu'il était écrit sans phrases et ne visait pas au sensationnel. Mais si grand que fût son retentissement à l'étranger, il ne produisit aucun effet apparent sur l'opinion publique américaine. Dans la semaine qui suivit sa publication, un sondage Gallup montra que le nombre des personnes qui croyaient à la culpabilité de la Chine dans la destruction du *Little Rock* était passé de soixante-douze à soixante-dix-huit pour cent. Quant aux partisans de représailles atomiques immédiates, leur pourcentage s'élevait, dans le même temps, de dix pour cent. Commentant ces chiffres, le philosophe yougoslave Marco Llepovič écrivit : « Journaux, affiches, radios, chaînes de télévision — la force de la propagande guerrière est telle qu'elle peut éponger une demi-douzaine d'articles pacifistes sans en laisser aucune trace. La liberté de la presse est bien réelle, mais elle reste inopérante. Dans un pays où tous les moyens d'information appartiennent à l'argent, la grêle voix de la vérité est vite étouffée par les grandes orgues du mensonge et de la confusion. »

A l'étranger, par contre, l'article de James Bedford renforça le scepticisme qui se faisait jour sur la culpabilité chinoise. Le grand journal japonais *Asahi*, tout en se défendant de choisir entre la version américaine et la version chinoise de l'événement (impartialité dont les diplomates américains de Tokyo s'irritèrent, car elle revenait, en fait, à jeter un doute sur la thèse officielle de leur pays), déplora en termes acides la contamination radioactive d'une ville asiatique et se prononça en faveur d'une conférence immédiate des pays du Club atomique.

Le Secrétaire des Nations unies donna aux deux parties des conseils de modération, évita avec soin de se prononcer sur la culpabilité de la Chine, proposa la constitution d'une commission d'enquête composée de représentants de pays neutres et reprit l'idée d'une vaste confrontation des puissances. Le pape se déclara dans le même sens quelques heures plus tard.

Le 8 dans l'après-midi, le département d'État fit savoir en termes catégoriques qu'aucun engin atomique ne se trouvait à bord du *Little Rock*, ou à bord d'un navire quelconque de la VIIe Flotte. Un accident était donc impossible. Par ailleurs, le Département d'État répétait, sans rien y changer, ses accusations contre la Chine communiste et rappelait que l'ultimatum des États-Unis à la Chine expirait le lundi 13 à midi. Le fait que l'expression *ultimatum* figurât dans le communiqué alarma les chancelleries, car le mot n'avait pas été prononcé par le Président Albert Monroe Smith dans son allocution télévisée du 5 janvier.

Le communiqué coupant de Washington ne fit qu'augmenter les réserves et les réticences de l'opinion mondiale. En France, le journal *Le Monde*, dans son numéro du 10 janvier, les exposa avec une clarté qui aurait impressionné les Américains eux-mêmes s'ils avaient attaché de l'importance aux informations ou aux opinions de la presse européenne. Mais les journaux U.S. ne citaient dans leurs colonnes que les journaux U.S., ou à la rigueur, les journaux britanniques.

L'article du *Monde*, solidement fondé sur un précédent historique, était écrit dans ce style balancé, nuancé et compétent qui donnait aux lecteurs de ce journal un sentiment si agréable de supériorité personnelle. Il rappelait d'abord avec pertinence que ce n'était pas la première fois dans l'histoire des États-Unis que la disparition d'un vaisseau de guerre U.S. avait amené la Maison Blanche à lancer un ultimatum : le 15 février 1898, le cuirassé américain le *Maine*, au mouillage dans le port de La Havane, explosa et s'abîma dans les flots avec tout son équipage. Le gouvernement des États-Unis accusa aussitôt l'Espagne d'avoir machiné ce crime, passa outre à ses dénégations désespérées, lui déclara la guerre et mit la main sur Cuba. Le moins qu'on pût dire, pourtant, c'est que l'Espagne n'avait aucun intérêt à perpétrer ce forfait. Elle soutenait depuis des années une guerre très difficile contre les rebelles cubains, elle était presque ruinée, elle se trouvait à deux doigts de la défaite et ce qu'elle redoutait par-dessus tout, c'était précisément l'intervention U.S.

Comme l'explosion du *Maine*, la désintégration du croiseur U.S. *Little Rock*, poursuivait *Le Monde*, est sans doute appelée à rester dans l'Histoire un mystère qui ne recevra jamais de solution. Car à bien voir, aucune des deux thèses en présence n'est le moins du monde acceptable en bonne logique. Comment admettre, en effet, que le gouvernement des États-Unis ait conçu le dessein criminel de sacrifier un de ses bateaux en noyant ses propres marins, pour se donner un *casus belli* contre la Chine? Mais comment croire, d'autre part, que la Chine, tournant le dos à l'extrême prudence dont elle avait fait preuve jusque-là dans ses rapports avec les U.S.A., ait pu se livrer tout d'un coup à une provocation si stupide, en s'en prenant à un croiseur U.S. déjà démodé et dont la disparition ne diminuait en rien le potentiel offensif de la VIIe Flotte? Une action de ce genre ne pouvait être efficace que si elle s'attaquait en même temps à des unités importantes, comme le porte-avions atomique *Enterprise*, ou le croiseur lance-missiles *Long Beach*. Stratégiquement, elle n'avait de sens que si elle servait de préface à une attaque massive de l'armée de terre chinoise contre les positions américaines en Corée et au Vietnam du Nord. Enfin, pouvait-on imaginer un instant que la Chine ait choisi pour atomiser le croiseur *Little Rock* le moment où le vent, établi depuis vingt-quatre heures dans la direction du Nord, devait infailliblement apporter les retombées atomiques sur son territoire, au lieu de les disperser sur la VIIe Flotte?

*

Quelques heures après le deuxième communiqué de Washington, le monde apprit avec stupéfaction que Stockholm avait été le théâtre d'une grave panique, déclenchée par un exercice de défense passive. Sans tenir compte de sa neutralité, ni des circonstances heureuses qui lui avaient permis de rester en paix, depuis cent cinquante ans, dans un monde souvent déchiré par la guerre, la Suède, avec une admirable prudence, avait créé sur son territoire un système d'abris antiatomiques. Tout avait été prévu. A Stockholm, par exemple, dès qu'une guerre éclaterait, une partie de la population devait sortir de la ville en auto et gagner au plus vite la campagne. L'autre partie courait se réfugier dans les magnifiques souterrains climatisés de la capitale. Ils avaient été construits à grands frais, vingt ans plus tôt, au cœur de la ville. Les gouvernements successifs n'avaient cessé de les entretenir, depuis, avec le zèle le plus attentif, prenant soin d'habituer les gens, les enfants surtout, à y passer de longues heures dans le travail ou le divertissement. Miracles de prévision intelligente défiant l'avenir imprévisible, ces abris, dans le monde apocalyptique de la troisième guerre mondiale, devaient assurer la survie de huit millions de Suédois, alors même que trois cents millions d'Occidentaux seraient anéantis dans une Europe dévastée.

Que se passa-t-il exactement à Stockholm dans la soirée du 8 janvier? L'ordre de gagner les abris afin de procéder à un exercice de défense passive fut donné après vingt heures trente-cinq, c'est-à-dire cinq minutes après que le communiqué de Washington contenant le mot ultimatum eut été traduit sur les ondes de la radio et de la télévision suédoises. L'ordre fut-il donné d'une façon trop réaliste? Ou reçut-il cette coloration du fait qu'il suivit de si près le communiqué alarmant de Washington? Toujours est-il qu'au lieu d'obéir avec calme aux consignes, le peuple le plus discipliné du monde fut tout d'un coup saisi d'un délire collectif. Ce fut une de ces situations confuses, inexplicables, où un groupe d'hommes, sans savoir ce qui se passe, mais alarmé par cette ignorance même, imagine le pire d'après le comportement d'autres groupes et aussitôt les imite, la folie gagnant ainsi de proche en proche des foules de plus en plus déchaînées.

Le malheur voulut, semble-t-il, qu'au moment même où les autos particulières quittaient en grand nombre la ville pour obéir aux consignes, des jets suédois la survolaient. Une série de bangs se produisit, donnant à quelques automobilistes l'impression que leur véhicule immobilisé par la lenteur de la circulation allait servir de cible. Affolés, ils les abandonnèrent et se mirent à courir au hasard dans les rues en criant que des bombes tombaient. L'embouteillage, de leur fait, devint irrémédiable, l'affolement se généralisa, et des milliers d'individus, en majorité des hommes, se ruèrent dans le grand abri antiatomique de Stockholm qui avait déjà reçu les vingt mille personnes qu'il pouvait contenir. Des scènes atroces se déroulèrent alors, des femmes furent piétinées, des enfants périrent étouffés. Quelques policiers, qui tentaient d'intervenir, furent pris à partie, l'un d'eux lynché. Les autres, pour se dégager, firent usage de leurs armes. Le signal de fin d'alarme fut alors donné sans rien changer à la situation, et le calme ne se rétablit qu'aux petites heures de l'aube, laissant dans le cœur des Suédois un profond sentiment d'horreur et de honte. Le bilan de cette panique insensée s'éleva à cent vingt-six morts et neuf cent trente-deux blessés. Par une terrible ironie de l'Histoire, ces malheureux furent les premières victimes d'une guerre qui n'avait pas encore éclaté.

La panique du 8 janvier à Stockholm ne fut pas sans contrecoup dans le monde, et en particulier aux États-Unis, où l'opinion publique, longtemps endormie dans le sentiment d'une supériorité écrasante, s'éveilla tout d'un coup à l'appréhension du danger : si tout avait été préparé de longue date pour lancer contre l'ennemi des attaques dévastatrices, ce qu'on savait du système antimissile organisé par les U.S.A. quand la Chine avait fait exploser sa première bombe H, n'était pas de nature à rassurer l'opinion. Si coûteuse qu'elle eût été, la barrière, aux dires des experts, restait « mince » (*thin*). Elle n'arrêterait pas tout. Le *Washington Post* rappela l'expérience du *Nautilus* qui, au cours d'une manœuvre très réaliste au large de l'Atlantique, s'était approché à quelques milles de Boston sans être repéré par les sonars : il avait imaginé de suivre, à trente mètres de profondeur, le sillage d'un cargo, dont les hélices couvraient le ronflement de ses turbines. La conclusion était évidente : ce qu'un sous-marin U.S. avait fait, des submersibles chinois pouvaient le réussir, et en quelques coups imparables, anéantir plusieurs villes.

Il ne fallait donc pas se leurrer : en cas de guerre, aux États-Unis, le gouvernement et les états-majors pouvaient s'enterrer sous plusieurs dizaines de mètres de rochers, de béton et d'acier, dans une grandiose métropolis, mais pour le peuple américain, quels abris avaient été prévus? Aucun. Seuls les gens riches avaient pu se faire construire, dans leur jardin ou leur ranch, à ras du sol, des abris antiatomiques familiaux. Mais faute de terre et de moyens, l'immense masse des gens peu fortunés était condamnée à mort. Les Américains découvrirent alors avec stupeur ce qu'ils savaient déjà : la puissance du dollar était infinie. Tout s'achetait, y compris la vie.

Un déluge de lettres, de télégrammes et de coups de téléphone véhéments submergea la Maison Blanche. « *Si la troisième guerre mondiale éclate*, écrivit avec amertume le « columniste » Malcolm Munster, *un homme sera plus en sécurité dans un sous-marin en croisière sous cinq mètres de glace dans l'Arctique que couché sur son lit dans un pavillon de banlieue.* »

Dès le 4 janvier, et bien avant que la panique de Stockholm fût connue, une épidémie de suicides sans précédent éclata d'un bout à l'autre des États. Le pourcentage dans la seule journée du 5 janvier fut de soixante-quinze pour cent en augmentation sur le 5 janvier de l'année précédente. Stationnaire le 6, il augmenta les 7 et 8 dans des proportions si alarmantes que les autorités demandèrent aux journaux de ne plus faire état dans leurs colonnes des cas qui viendraient à leur connaissance, afin d'éviter l'effet de contagion. Cette recommandation fut, dans l'ensemble, suivie, mais malgré cela, le pourcentage continua à monter en flèche les 9, 10, 11 et 12, et il fallut attendre une semaine pour que la courbe commençât à se stabiliser puis à décroître. *L'historien*, écrivit le Professeur Marco Llepovic, *se demandera un jour par quel mystère tant d'Américains instruits, heureux et bien nourris, préférèrent quitter la vie par l'appréhension de la perdre, tandis que des centaines de millions d'hommes dans les pays sous-développés, endurent quotidiennement les souffrances terribles de la sous-alimentation sans même songer à mettre fin à leur supplice.* »

En même temps, la criminalité, notamment les homicides volontaires et les viols, atteignit, elle aussi, un chiffre record dans l'histoire des États-Unis. La plupart de ces délits étaient commis par des délinquants primaires. Ils laissaient derrière eux une foule d'indices et parfois même, ils se constituaient prisonniers, et entraient avec facilité dans la voie des aveux. Plusieurs expliquèrent qu'ils avaient éprouvé un « *désir irrésistible* » de tuer et que le choix de leur victime était dû, en fait, au hasard. Mais peut-être la lumière la plus crue sur la motivation de ces crimes fut-elle jetée par Roy Creighton, vingt-deux ans, célibataire, employé de magasin, sans antécédents. Du lundi 6 au jeudi 9, Creighton, que l'on considérait comme un garçon rangé et travailleur, commit une série de viols dans les conditions les plus odieuses sur des mineures de douze à quatorze ans. Arrêté, il reconnut sans peine les faits. Il ajouta avec calme qu'il avait toujours eu *envie de faire ce genre de choses* et qu'il avait décidé de se *passer son envie* quand il avait compris que la guerre atomique allait éclater et qu'on allait *tous être logés à la même enseigne et finir dans le même trou.*

La peur grandissait chaque jour et la violence, multipliée par la peur, assumait parfois un masque patriotique. On commença à parler à voix basse de la cinquième colonne et du rôle que jouaient les Chinois résidant en Amérique, tous apparemment amicaux mais tous, en fait, gagnés en secret à la cause communiste. Dans différentes villes des États-Unis, des restaurants chinois furent saccagés et leur personnel insulté et malmené. A Washington, un attaché de l'ambassade japonaise, qui achetait des chemises dans un magasin, fut traité de « *ventre jaune* », et comme il essayait d'expliquer à la foule qu'il était japonais et non chinois, les insultes redoublèrent et il fut à deux doigts d'être lynché.

Le 10 janvier à onze heures du soir, une demi-douzaine de *teenagers* pénétrèrent en auto dans Chinatown et, toutes vitres baissées, se mirent à tirer au hasard sur les passants, tuant quatre personnes et en blessant une dizaine. Ceci fait, ils enlevèrent deux jeunes filles chinoises qui revenaient du cinéma, les emmenèrent dans un entrepôt désert du port de New York et là, après les avoir battues et violées, ils les jetèrent dans l'eau glacée. Comme l'une d'elles essayait de regagner le quai à la nage, ils l'abattirent à coups de revolver. L'autre réussit à se cacher derrière un dinghy jusqu'au départ de la bande.

Les journaux, les stations de radio, les télévisions se déchaînaient. Dans les revues plus sérieuses, on faisait le compte des mégatonnes qui étaient nécessaires pour anéantir la Chine, et un expert démontrait qu'il en fallait trente mille. « *Nous les avons*, concluait l'expert, *et au-delà.* » Dans les gares, dans les postes, dans les stations de métro, et sur les immenses panneaux de publicité de chaque côté des autoroutes, de grandes affiches commencèrent à paraître. Sur l'une d'elles, ces simples mots étaient tracés :

REMEMBER LITTLE ROCK

Une autre, de forme allongée, portait tout en haut REMEMBER, tout en bas, LITTLE ROCK, et au milieu, on voyait une mer couverte de débris et de cadavres. L'eau, éclairée par une étrange lumière de soufre, avait l'air d'être en ébullition, et au premier plan, face au public, un marin, les yeux crevés, le visage noir et brûlé, la bouche tordue par un appel désespéré, se soulevait à moitié hors de l'eau, appuyant une main gauche à demi carbonisée sur l'*i* de *Little* et la main droite sur le *c* de *Rock*. Il était peint avec un tel relief qu'il avait l'air de sortir de l'affiche pour crier vengeance contre ses assassins.

*

Les deux Secrétaires — Affaires étrangères et Défense — conférèrent à la Maison Blanche avec le Président Albert Monroe Smith jusqu'à deux heures du matin, dans la nuit du 8 au 9. Quand ils furent partis, le Président resta un long moment immobile dans son fauteuil, il se sentait vide, usé, inerte, il se leva avec peine, courbé, les jambes lourdes comme du plomb, mais c'était l'âme surtout qui était fatiguée et sans courage, il prit son ascenseur privé, gagna le second étage, cela lui fit un peu de bien, dans sa chambre, de remplacer ses chaussures par des mules et son veston gris anthracite par sa vieille veste de tweed informe, raccommodée aux coudes avec des pièces de cuir, il n'avait pas sommeil, il était trop épuisé pour dormir, il poussa de dix centimètres la porte de Vic et pendant quelques secondes, il prêta l'oreille dans l'obscurité tiède et parfumée de la chambre, c'était étonnant et pathétique, l'infime respiration d'un être humain, cette machinerie compliquée sans la moindre défaillance, ce mouvement obstiné, continuel, muscles et nerfs marchant d'eux-mêmes dans la petite mort du sommeil, Smith referma sans bruit, traversa le couloir, poussa la porte toujours entrebâillée de la chambre de Lolly, elle dormait sur le côté, le profil droit en plein sous la petite veilleuse bleue à la tête du lit acajou entre les rideaux de mousseline blanche, à douze ans, elle exigeait encore la veilleuse la nuit, il la regarda, la joue pleine, semée de taches de rousseur, appuyée sur la main potelée, les cils paisibles sur la joue ronde et la lèvre supérieure, courte, renflée et relevée vers le haut qui lui donnait l'air innocent et animal des adolescentes peintes par Renoir, Smith secoua la tête, il se sentait presque fautif de s'être attendri, il suivit d'un pas lourd le long couloir, gagna le salon ovale, alluma le lustre et s'affala dans le grand fauteuil en cuir vert derrière le bureau, il ne s'était jamais senti si épuisé, même pendant sa campagne présidentielle, même pendant celle de Kennedy, quels moments ils avaient passés ensemble, les yeux cernés de John, son air grave, un peu souffrant, tandis qu'il se laissait tomber en face de moi dans le fauteuil du Pullman qui l'emportait de ville en ville, mais voyons, va te coucher, John, il faisait non de la tête, il me montrait de la main sur la petite table les notes du discours qu'il devait prononcer le lendemain et il récitait les vers de Frost :

But I have promises to keep
And miles to go before I sleep
And miles to go before I sleep [1].

Les yeux fatigués, le sourire plein de bravoure et de bonté, le premier *sleep* prononcé avec légèreté, et le second, d'une voix basse, profonde, voilée de mélancolie, eh bien, tu dors, maintenant, John, ils t'ont eu, trois ans plus tard, presque jour pour jour, ils avaient bien trop peur de toi pour te laisser vivre, ce qu'il leur faut, ce sont des Présidents dociles, comme Tchang Kaï-chek, comme Ky, comme,

le salon ovale était une orgie de jaune : le damas des murs, le grand tapis ovale, les deux sofas, les fauteuils Louis XVI, ces dorures éteignaient un peu les Cézannes pendus au mur, tout cela était trop riche, trop luxueux, Smith choisit un cigare, l'alluma et se promena de long en large, ses pas étouffés par le tapis, il regarda son bracelet-montre, à cette heure-ci, il n'y a que moi et les flics à ne pas dormir, les trente-huit flics,

1. Mais j'ai des promesses à tenir
Et des kilomètres à faire avant de m'endormir
Et des kilomètres à faire avant de m'endormir.

pas un de moins, répartis dans tous les coins de la maison, les flics dans le parc, et les flics des grilles, quelle belle image pour un chromo, le Président des U.S.A., entouré de ses flics, passe sa nuit dans les méditations à la veille de la troisième guerre mondiale, sa gorge se serra, le Président! la toute-puissance du Président! les pouvoirs quasi dictatoriaux du Président! oui, mais les pressions subtiles, puissantes, continuelles, l'ornière tracée d'avance, de tous côtés, pour que ma roue vienne y tomber, les États dans l'État, le Pentagone, le Département d'État, les milieux financiers liés aux généraux, et les polices, le F.B.I., la C.I.A., les lobbies, les groupes de pression, le Président-prisonnier, le Président-instrument, le Président-otage, un Gulliver chez les Lilliputiens! en apparence le plus fort, en réalité le plus ligoté, le simple point où converge un ensemble complexe de forces, mon discours du 6 janvier, c'était finalement, non pas certes le meilleur, mais en tout cas le moins mauvais, le moins dangereux que je *pouvais* prononcer, je ne pouvais pas faire moins, et ces salauds, deux jours plus tard, qui donnent un petit coup de pouce derrière mon dos tout exprès pour aggraver les choses en prononçant le mot *ultimatum*, je suis lié, lié, lié, pour me faire faire ce qu'ils veulent, il suffit qu'ils me présentent un problème en faussant les données, en m'intoxiquant avec des informations inexactes comme ils l'ont fait pour John, en avril '61, dans l'affaire de Cuba, je n'oublierai jamais quand les grands pontes, les oracles, les experts de la C.I.A., du Pentagone, et du Département d'État, lui ont raconté toutes leurs conneries sur le succès certain de l'invasion anticastriste, *le plan est excellent*, dit Lemnitzer, *il ne peut que réussir*, et Dulles : *Ça sera encore plus facile qu'au Guatemala*, et Bissel : *dès que les anticastristes débarqueront, le peuple cubain les accueillera à bras ouverts*, mais en fait de bras ouverts, le 17 avril à l'aube, le peuple cubain, dans la Baie des Cochons, leur est tombé dessus à coups de fusil, de tanks, de canons et les écrasa en moins de soixante-douze heures, bon Dieu, est-ce qu'ils sont en train de me faire le même coup avec le *Little Rock* ? Smith s'immobilisa, pétrifié, sa cendre au bout de son cigare s'incurvait, il fit un pas, tendit avec précaution la main vers le cendrier le plus proche, mais la cendre se détacha, tomba et s'éparpilla en poussière sur le tapis, il tressaillit, il s'aperçut au bout de quelques secondes que sa main tremblait, il se redressa, il ne fallait pas voir des signes partout, il se laissa aller dans un fauteuil et il dut s'assoupir quelques instants car son genou droit se détendit de lui-même comme s'il tombait dans le vide, il sursauta, s'il y a une chose qu'un Président ne peut ni réformer, ni dominer, c'est sa propre police politique, c'est elle, en réalité, qui le gouverne puisqu'elle l'informe, il se leva et se remit à marcher de long en large, il s'aperçut au bout d'un moment qu'il prenait soin, à chaque trajet, de ne pas marcher sur les cendres, je suis sûr que la C.I.A. savait que la Baie des Cochons serait un échec, je suis sûr que le plan consistait à mettre John devant un revers si grave, une perte de face si effroyable, que John donnerait le feu vert au débarquement des Marines à Cuba, et John a bien failli le faire, un tel désastre au début de sa présidence, il était si mortifié, si humilié, si angoissé, mais il s'est ressaisi, il a dit, « non », il savait dire non, non à la guerre contre Cuba, non à la guerre contre la

Chine, non à la ségrégation, ils l'ont tué parce qu'il savait dire non, amenez-le-nous à Dallas et nous nous chargerons du reste, à Dallas nous avons des policiers qui vous coupent un cigare en deux à trente mètres, des meurtriers avec pedrigree soviéto-cubain sur mesure, des assassins de meurtriers qui se font justice à eux-mêmes en s'auto-inoculant le cancer.

Smith serra les mains au fond de ses poches et pensa avec douleur, je me suis tu, mais il fallait choisir, ou je disais : le rapport de vos Daniels est la plus belle saloperie de l'histoire des États-Unis et ma carrière était finie, ou je me taisais et je pouvais reprendre un jour le flambeau de John, il s'immobilisa, le temps passa, il pensa avec honte, je me suis tu, il s'approcha de la fenêtre, souleva la lourde tenture et colla son front contre la vitre, aussitôt un homme se détacha d'un arbre et s'avança d'un pas vif en levant la tête, Smith fit « non » de la main, l'homme disparut, le regard de Smith s'attarda sur le magnolia que le Président Jackson avait fait planter, il était énorme et noueux, derrière lui, les bouleaux paraissaient grêles, nus et verticaux comme un dessin de Buffet, éclairés en décor irréel de film par les faisceaux des projecteurs de sécurité, il faudra que je pense, au printemps, à faire enlever des branches les dispositifs sonores antiaviaires de Johnson, nous, Lyndon Baines Johnson, nous faisons défense aux oiseaux d'entrer à la Maison Blanche, ils offensent à notre dignité en conchiant nos pelouses, Smith regardait les silhouettes funèbres des bouleaux, c'était d'une tristesse à pleurer, même à travers la vitre on sentait une odeur d'humidité pourrie, et moi, qu'est-ce que j'ai fait quand il s'est abattu, la tête trouée, inondant de son sang la robe et les bas de Jackie, au milieu de la haine et des mensonges gluants de Dallas, mais de toute façon, il était mort et le venger n'était pas possible, accuser sans preuve et accuser qui?

A tout le moins, gentlemen, nous ne pouvons que supposer une sorte de complicité hypocrite et tacite, vous nous l'amenez à Dallas et nous nous chargerons du reste, et peut-être même pas en autant de mots, ni si clairement, ni si consciemment, notre bonne ville de Dallas l'attend, voyons, soyez un tout petit peu imprudents, amenez-le-nous, parce qu'il faut bien que les salauds continuent à s'estimer, il y a des plis et des replis dans leur âme, et sous ces plis, des demi-mots, des demi-teintes, des haines implicites, si j'avais parlé, on m'aurait fait passer pour fou, l'énorme machinerie se serait mise en branle, j'étais politiquement détruit et broyé, sans profit pour personne, pas même pour John, toutes mes chances de succéder à L.B.J. perdues, et lui succéder pourquoi, mais voyons! pour déclarer la guerre à la Chine, qui a placé cette bombe à retardement sous mon fauteuil? certes, certes, nos oracles et nos experts sont formels, ils sont toujours polis et infaillibles, en deux heures nous écrasons toutes les usines atomiques et toutes les rampes de lancement chinoises, l'U.R.S.S. ne bouge pas, la Chine n'est pas capable de riposter et nous avons la paix pour un siècle, et si c'était faux? pour Cuba aussi, la C.I.A. avait affirmé, premier temps, que l'aviation de Castro était « *quasi inexistante* », second temps qu'elle était « *anéantie* » par les attaques au sol par surprise, le dimanche matin, et quand le débarquement a commencé, l'aviation « *inexistante* » et d'ailleurs « *anéantie* » de Castro a abattu la quasi-totalité des B 26 et coulé la moitié des bateaux de l'invasion, et aujourd'hui, s'ils se trompent ou s'ils me trompent, si un seul sous-marin atomique, un seul, peut passer entre les mailles de notre réseau de protection et anéantir New York en moins d'une minute, à quoi ça sert d'avoir cent fois plus de fusées que les Chinois si une seule des leurs peut nous porter un coup pareil, Smith éteignit le lustre monumental, suivit le long couloir interminable, gagna sa chambre où la lampe de chevet brûlait, se débarrassa de ses mules, défit sa cravate, éteignit et se jeta tout habillé sur le lit à colonnes où Johnson faisait des siestes de trois heures, on n'avait jamais vu un Président dormir autant l'après-midi, ni avoir l'air plus endormi le reste du temps, Smith jura, ça me fait horreur de m'étendre là-dessus, il somnola, se réveilla en sursaut avec une crispation de l'estomac, mon Dieu, sortir, sortir avec honneur de cette boue, prouver qu'il n'y a là qu'une infecte provocation, un coup monté imbécile, ça pue le louche et le suspect, un petit Pearl Harbour on ne peut plus loupé et miteux, tous les alliés réticents, y compris ceux qui sont si fidèles quand il s'agit de passer à la caisse, et le Japon!, le sourire poli, les yeux impénétrables, il est bien malheureux, Mr. Ambassador, que ce soit toujours des villes asiatiques, notre ambassade de Tokyo assiégée nuit et jour par des foules hurlant Pak-Hoï!, le Secrétaire de l'O.N.U. ouvertement hostile, le pape multipliant les déclarations, toutes les Églises contre nous, les pires conditions réunies pour une déclaration de guerre, la partie morale perdue d'avance, la manœuvre diplomatique réduite à rien, Smith se retourna, il était allongé sur le dos, dans le noir, les deux jambes étendues, les mains à plat sur le lit, il se sentait inerte, vide et impuissant, emporté à bord d'un train fou qui fonçait dans l'espace à une vitesse vertigineuse, sa tête se mit à tourner, il eut l'impression de tomber dans le vide, ses ongles se crispèrent sur le dessus de lit et il pensa, Seigneur, je donnerais ma vie, écoutez-moi, Seigneur, je donnerais ma vie...

XII

Le 7 janvier, le lendemain de l'allocution prononcée à la T. V par le Président Albert Monroe Smith, Sevilla sortit de la maison à sept heures du matin avant le petit déjeuner et se dirigea vers le petit port où le *Caribee* et le plus gros des deux canots pneumatiques étaient au mouillage. A une distance de six mètres environ, il vit, ou crut voir, Daisy jouer autour du pneumatique et il lança un appel sifflé. Il n'y eut pas de réponse. Daisy, au lieu de venir au-devant de lui comme elle faisait d'ordinaire et de poser la tête sur les planches de la jetée pour se faire caresser, lui tourna le dos, plongea et disparut. Sevilla s'engagea sur le ponton qui séparait le yacht du canot, il ne vit rien autour du pneumatique, rien non plus autour du *Caribee*, il siffla de nouveau et au bout de quelques secondes, la forme longue, ondulante et gris clair de Daisy se profila dans l'eau à côté du *Caribee*, sa tête émergea, et fixa sur Sevilla son œil rieur.

— La première fois, tu ne m'as pas répondu, dit Sevilla en langage sifflé.

Daisy fit entendre un son qui ressemblait à un gloussement.

— La première fois, ce n'était pas moi.
— Comment, « pas toi »?
— Un autre dauphin.
— Ne dis pas de bêtises, dit Sevilla.
— Je ne dis pas de bêtises.

Certains jours, il n'y avait rien à tirer de Daisy : ou bien elle faisait semblant de ne pas comprendre ses sifflements, ou bien ses réponses n'avaient ni queue ni tête. Quelle différence avec le sérieux de Bi. Sevilla lui tourna le dos et s'éloigna agacé.

— Où vas-tu? cria Daisy derrière son dos.
— A la maison, manger.
— Parle-moi!

Sevilla dit par-dessus son épaule :

— Tu dis des bêtises.
— Je ne dis pas de bêtises. Il y a un autre dauphin dans le port.
— Il y a dans le port une delphine très bête appelée Daisy.
— Je ne suis pas bête. Regarde.

Elle plongea, Sevilla la suivit des yeux et comme la coque du *Carebee* le gênait pour la voir, il revint sur ses pas. Au moment où il atteignait le ponton, il vit distinctement deux dos courbes émerger en même temps de l'eau, et disparaître. Il s'immobilisa, stupéfait. Il avait bien vu deux dos. Au même instant, ils reparurent un peu plus loin. Daisy et son visiteur tournaient en rond, Daisy nageait à l'intérieur du cercle et essayait de pousser son compagnon du côté du ponton mais, semble-t-il sans beaucoup de succès. Sevilla siffla, Daisy freina sa nage, plongea sous le corps de son partenaire, atteignit la jetée en trois coups de queue, émergea, posa la tête sur les planches et regarda Sevilla.

— Qu'est-ce que c'est que ce dauphin? dit Sevilla.

— Il est à moi! dit Daisy triomphalement.

Et se reculant, elle fit un bond hors de l'eau et retomba assez près de Sevilla pour l'éclabousser.

— Arrête, Daisy!

— Pa, je suis bête?

— Non.

Elle fit un nouveau saut et de nouveau l'éclaboussa.

— Arrête donc, Daisy. Ainsi il est à toi, reprit-il en regardant le dauphin. Il est superbe.

Daisy gloussa.

— Quand l'as-tu trouvé?

— En mer. Hier soir. Je nage et je nage. Tout d'un coup, devant moi, il y a un dauphin, un dauphin et un dauphin. Ils s'arrêtent. Ils me regardent et ils parlent.

— Qu'est-ce qu'ils disent?

— Ils disent : « Qui c'est? » Un gros mâle approche, il approche seul, et tourne autour de moi, Je ne dis rien, je ne fais rien, mais j'ai peur. Il est très gros. Il dit : « Où est ta famille? » Je dis : « J'ai perdu ma famille. Je suis avec les hommes. » Le gros mâle s'en va et parle avec les autres mâles. Ils parlent. Ils parlent. Puis les mâles s'approchent tous ensemble et m'entourent. Et j'ai peur. C'est comme ça qu'ils tuent les requins. Ils s'approchent et ils les entourent. Mais le chef dit : « C'est bien. Tu retournes chez les hommes ou tu restes avec nous. » Je dis : « Je retourne chez les hommes mais je joue avec vous. » Le chef dit : « C'est bien. Tu joues. » Les femelles s'approchent, elles sont gentilles, sauf une très vieille, elle veut me mordre. Mais je claque les mâchoires et elle s'en va.

Daisy se tut.

— Alors? dit Sevilla.

Daisy gloussa.

— Un gros dauphin vient. Il chasse les femelles et veut jouer. Il est grand et lourd. Il est beau.

— Tu joues?

— Je joue, mais autour de nous, il y a toute la troupe. Alors, je l'emmène ici.

— Pourquoi?

— Pour être tranquille [1].

Sevilla se mit à rire, puis il reprit :

— C'est le chef?

— Non. C'est un gros mâle. Il est très gros. Donne un nom d'homme!

— Plus tard.

— Donne un nom d'homme!

— Jim.

— Jim!

Elle rit :

— Jim!

— Dis-lui d'approcher.

— Il a peur.

— Dis-lui : ici avec toi il joue, avec moi il parle. Dis-lui.

Elle rit :

— Peut-être tu parles et Jim ne comprend pas. Tu siffles mal.

Elle rit,

— Cesse tes bêtises, Daisy. Dis-lui.

1. L'accouplement des dauphins, déjà délicat en lui-même, est gêné par la présence, autour du couple, de jeunes mâles turbulents qui suivent l'opération en faisant d'abondants commentaires sifflés et en donnant eux-mêmes des signes manifestes d'excitation.

— Demain, je lui dis.

— Peut-être demain il ne vient pas?

Daisy émit un son joyeux, triomphal et peu distingué.

— Jim! dit-elle en émergeant debout presque tout entière hors de la surface. Elle recula toute droite en se dandinant d'un air de pompe, sa caudale battant l'eau avec force. Jim, vient demain, demain et demain! Il est à moi!

*

Bruder, dit Goldstein, si vous m'invitez, j'accepterai volontiers de partager votre humble breakfast, le café d'Arlette est si odorant, c'est votre faute, *Bruder*, et non la mienne, si j'atterris chez vous à cette heure matinale, en fait, j'aurais dû vous atteindre hier soir, dans ma naïveté, je m'imaginais qu'ayant commis la folie d'acheter une maison dans les Florida Keys, vous auriez eu, du moins, l'élémentaire bon sens de choisir une des îles qui sont reliées à la terre ferme par la route qui mène à Key West, et non un damné petit îlot perdu et venté au milieu des écueils, c'est en vain que j'ai essayé hier soir, à la nuit tombante, de soudoyer à prix d'or deux ou trois *ancient mariners* pour qu'ils me mènent jusqu'à vous, *no sir, no sir*, j' risquerai pas mon rafiot à vous conduire de nuit chez ces cinglés —, très intéressants et causants, les *ancient mariners*, après deux ou trois verres, les perles de sagesse commençaient à tomber de leurs barbes, et j'ai entendu la saga du blockhaus que vous habitez — *Bruder*, la connaissez-vous?, oui, dit Sevilla, mais dites toujours, il y a souvent deux vérités qui naissent sur le même fait, il regardait Goldstein de ses yeux sombres, attentifs, en devanture, la verve facile, agressive, truculente, en carapace, le scepticisme, le cynisme, l'indifférence aux moyens, et derrière la devanture et sous la carapace, un homme au cœur véritablement généreux, et du diable si je comprends ce qu'il vient faire ici, et pourquoi il a pris tant de peine et perdu tant de temps quand il pouvait tout aussi bien me téléphoner.

eh bien, poursuivit Goldstein, l'homme qui a fait construire votre blockhaus, sachez-le, c'est le célèbre acteur Gary James, célèbre? dit Arlette, Goldstein tourna vers elle ses yeux bleus et secoua sa crinière blanche, jeune femme, dit-il avec sévérité, ne me faites pas sentir quel vieux jeton je suis, Gary James était célèbre il y a vingt ans, et vingt ans ça passe très vite, vous vous en apercevrez, bref, James avait lu *Walden*, ou il disait qu'il avait lu *Walden*, car jamais livre plus pédant et plus pesant, Maggie leva la tête et dit d'un ton pieux et choqué, je ne suis pas d'accord, c'est un chef-d'œuvre, je suis navré, dit Goldstein en haussant les épaules, mais un homme qui, par choix, vit *seul* pendant deux ans dans une cabane, c'est une moine, un impuissant, ou un, ne soyez donc pas grossier, dit Arlette en riant, bref, reprit Goldstein, c'est un petit branlé, mais passons, Gary James lit *Walden*, il décide de retourner à la nature et de « *vivre seul et nu dans une île* », bon, il achète ce rocher perdu, il y fait construire un port, une citerne, ce blockhaus que vous appelez une maison, il fait amener par câble du continent l'électricité, le téléphone, car telle était sa conception du retour à la nature, et ceci fait, il s'installe ici, il reste trois jours et n'y remet plus les pieds jusqu'à la fin de sa vie (rires), Goldstein sourit à Arlette, mon bébé, est-ce que je peux avoir ma deuxième tasse de café, si cette maison n'était pas un blockhaus, dit Sevilla, construite tout entière en béton et même arrondie aux angles, pour résister aux rafales, il y a longtemps qu'un cyclone l'aurait emportée, nous sommes en plein sur le chemin des cyclones quand ils remontent de la mer des Caraïbes, neuf fois sur dix, ils prennent en écharpe les Florida Keys, vous ne savez peut-être pas qu'il y avait une voie ferrée autrefois qui reliait les îles jusqu'à Key West, et que l'ouragan a détruite, mais telle qu'elle est, la maison me plaît, je vous accorde que c'est assez terrifiant, même sans cyclone, quand la mer est forte et que le vent souffle, vous avez des lames qui franchissent la barrière des récifs, passent par-dessus la maison et atterrissent en gerbes sur la terrasse, et le petit port a beau être sous le vent et bien défendu, il faut quand même tripler les amarres du *Caribee* et obturer les fenêtres de la maison avec les énormes contrevents que vous avez vus en entrant, franchement, pendant quelques heures, vous avez l'impression de vivre à bord d'un sous-marin, je suis sûr qu'il y a des lames qui recouvrent l'îlot en totalité, on les entend atterrir sur le béton du toit, c'est, c'est grisant, dit Suzy en ouvrant ses yeux bleus tout grands et en haletant un peu, les lèvres entrouvertes, cela me donne un sentiment délicieux d'isolement et d'intimité, j'espère bien qu'un de ces jours nous aurons un cyclone, un vrai, quarante-huit heures de vent à cent cinquante kilomètres à l'heure, Peter étendit son long bras et le posa sur l'épaule de Suzy, et de l'eau dans la citerne, dit-il avec un rire sonore, une bonne pluie diluvienne et chaude pendant quarante-huit heures, voilà ce qu'il nous faut, *Bruder*, dit Goldstein en posant ses deux mains à plat sur ses larges cuisses, je vous propose de fausser compagnie à ces jeunes amateurs de tempête et de me faire visiter le *Caribee*, Sevilla lui jeta un coup d'œil, enfin ! Il se leva, la terrasse descendait en pente bétonnée et striée rouge jusqu'au petit port et de part et d'autre de cette piste, comme si elle n'avait été qu'une tentative dérisoire pour introduire un ordre humain momentané dans la confusion générale, s'étendait un désert de roches coralliennes. Goldstein marchait à ses côtés avec une vivacité pesante, il avait l'air d'un mammouth, ses grosses jambes donnaient l'impression de rebondir sur la piste en ciment avec une pesanteur élastique, il avançait à ses côtés, l'œil petit et rusé, les épaules larges et rondes, sa lourde mâchoire en avant, sa crinière gris-blanc de vieux lion brillant au soleil, il enjamba les filières de la poupe avec une lourde agilité et se laissa tomber sur le banc du cockpit, *Bruder*, dit-il, c'est une merveille, dispensez-moi de descendre dans la cabine, c'est toujours sec et triste, la cabine d'un voilier, des couchettes si étroites qu'elles excluent l'idée de faire l'amour, je trouve ça déprimant, mais c'est une merveille, reprit-il en caressant le *Caribee* du regard, une merveille de chrome, d'acajou, de vernis et de cuivre et avec cela, la garce, si jolie, si flatteuse, si bien assise dans ses formes, si j'avais plus de temps devant moi, je vous demanderais de me faire faire un petit tour, avec un engin pareil, ce serait un jeu d'enfant d'atteindre Cuba, Sevilla sourit, dans ce cas, je préférerais le gros pneumatique et son hors-bord Mercury, en moins de quatre heures j'atteindrais la côte de Pinar del Rio, je dis quatre heures à cause des puissants courants qui remontent du golfe du Mexique en direction de l'Atlantique, mais vu la faible hauteur de l'embarcation sur l'eau, j'aurais beaucoup plus de chance d'échapper à la vigilance des bateaux de guerre U. S., et des garde-côtes cubains, de ceux-là surtout, je suppose qu'avec tous nos micmacs, les Cubains doivent être prompts sur la gâchette, eh bien, reprit-il en se tournant vers Goldstein, qu'avez-vous à me dire? vous avez du nouveau pour mon passeport? Goldstein secoua la tête, le Département d'État a d'autres chats à fouetter, vous pensez bien, il est bien trop occupé à nous précipiter dans la merde de la troisième guerre mondiale, j'ai l'impression pénible que le pays devient fou, il se jette tête baissée, en aveugle, dans un conflit atomique, par point d'honneur, par légèreté, par bêtise, par le simple enchaînement des choses, c'est à ne pas y croire, jamais on n'a eu l'impression d'être moins gouvernés, et jamais on n'a moins su *qui* gouvernait les U. S. A., certainement pas ce pauvre Smith, avec son air d'étudiant qui fait semblant d'être mûr, j'ai trouvé son allocution bien pénible, on sentait tant d'incertitude sous la fermeté apparente, je le connais bien vous savez, j'ai eu l'occasion de travailler pour lui au moment de sa campagne, je me demande ce qu'il y a au fond de l'homme qui le dispose à massacrer ses semblables, et en premier lieu, qu'est-ce que nous sommes allés foutre, nous Américains, dans l'Asie du Sud-Est, pouvez-vous me le dire? Goldstein jeta autour de lui un coup d'œil vif, je suppose que je peux parler, ils n'ont pas encore réussi à vous fourrer des micros dans le *Caribee*? Sevilla sourit, vous en avez fait vous-même l'expérience, l'île, la nuit, est inaccessible, et le jour, il y a toujours quelqu'un à bricoler sur le port, Goldstein se pencha au-dessus des filières, mais je ne vois pas votre delphine, en ce moment nous ne travaillons qu'à la tombée de la nuit, Daisy s'absente toute la journée et ne revient au bercail que le soir, mais elle y revient tous les soirs, elle nous est attachée, mais plus encore au *Caribee*, la nuit venue, elle revient se coller contre lui comme un enfant qui se pelotonne contre sa mère, Sevilla s'interrompit, se redressa et regarda Goldstein, eh bien, dit-il, qu'attendez-vous? Goldstein cilla, détourna les yeux et dit, Adams demande à vous voir,

Sevilla se leva, appuya ses deux mains sur la barre à roue du gouvernail et la fit tourner de quelques degrés sur la gauche comme si le *Caribee* était sous voiles et qu'il voulût virer de bord, jamais, dit-il sans hausser la voix, mais ses doigts, crispés sur la roue, se mirent à blanchir, jamais, répéta-t-il d'une voix sourde, il avait du mal à parler et à desserrer les dents tant sa mâchoire était contractée, j'en ai fini avec ces gens-là, il regarda Goldstein et Goldstein lui rendit son regard, le silence s'établit, s'épaissit et les gela l'un et l'autre dans la même position, Goldstein assis, la tête dardée en avant comme une tortue qui inspecte sa route avec prudence, et Sevilla debout derrière la barre, les jambes écartées, les yeux fixés sur le balcon d'étrave, le cou rigide, il paraissait tout d'un coup plus grand, plus compact et plus dur, comme si la somme de ses colères et de ses ressentiments tendait sa peau à la craquer, j'en ai fini avec ces gens-là, dit-il de la même voix sourde, contenue, à peine audible, c'est raté, pensa Goldstein, il n'explosera pas, il ne va pas répandre sa colère, il va la contenir en l'intensifiant, Goldstein éleva ses deux larges mains à trente centimètres au-dessus de ses cuisses et les laissa retomber, *Bruder*, dit-il de sa voix râpeuse, agressive et joviale, c'est votre affaire, si j'ai tout quitté pour venir vous trouver jusque dans votre antre, c'est qu'Adams a fait le voyage de Washington hier pour me voir et il a réussi à me convaincre que c'était, je cite, *terriblement important*, j'ai commencé par refuser, mais je n'ai jamais vu un homme si bouleversé, je ne dirai pas qu'il s'est traîné à mes genoux, mais presque, je n'ai jamais vu Adams dans un état pareil, d'ordinaire, il est froid comme un poisson, bref, j'ai accepté de transmettre, et maintenant, mon rôle est terminé, si vous rejetez la demande d'Adams, c'est votre affaire, ça ne me regarde en aucune façon, je comprends tout à fait votre point de vue, vous avez été traité par cette clique de *mamzer* de la façon la plus, encore une fois, je transmets, c'est tout, je répète ses paroles, sans y changer une syllabe, *vous lui direz que c'est terriblement important*, sa voix tremblait, j'ai le cuir épais, mais je sais quand même sentir quand un homme est tenaillé par l'angoisse, il a répété au moins dix fois, c'est terriblement important, et maintenant, je le répète, mon rôle est terminé, je m'en vais, il claqua de nouveau ses cuisses du plat de ses mains, et comme si le geste avait déclenché un mouvement réflexe de ses genoux, il se dressa avec une vivacité élastique, Sevilla laissa aller la barre du gouvernail, se tourna vers lui, enfonça les deux mains dans ses poches et dit : à deux conditions, la première c'est que l'interview ait lieu ici, la deuxième c'est que Fa et Bi me soient, non pas de nouveau confiés à titre plus ou moins temporaire, mais donnés, je dis bien *donnés*, comme ma propriété exclusive et personnelle, je souligne que ces conditions ne peuvent pas faire l'objet d'une négociation, elles constituent un préalable, eh bien, dit Goldstein avec un rire bref, je constate avec joie que vous savez être dur en affaires, quand il ne s'agit pas de fric, si vous pouvez décider votre jeune amoureux des tempêtes à me conduire dans le pneumatique à travers les écueils, je transmettrai votre préalable à Adams, il m'attend sur la terre ferme, et s'il accepte vos propositions, Peter pourra le ramener aussitôt dans l'île.

*

Peter revint moins d'une heure plus tard avec Adams et un jeune homme que Sevilla ne connaissait pas, le pneumatique est un peu dégonflé, cria Peter, j'ai une petite déchirure, je crois, si vous voulez m'aider à le sortir de l'eau et à le porter sur la terrasse, je vais tout de suite le réparer, je vous présente Al, mon assistant, dit Adams, d'une voix nerveuse, saccadée, Sevilla fit un petit geste d'accueil de la main, mais ne dit rien et ne s'avança pas, Adams reprit, si vous le désirez, nous pouvons vous aider, il y avait deux poignées en caoutchouc de chaque côté du pneumatique et à quatre, ils le portèrent sans difficulté jusque sur la terrasse, mais en le retournant à la demande de Peter, ils inondèrent leurs chaussures et leurs bas de pantalon, je vais mettre une allumette dans la cheminée et faire une flambée pour nous sécher, si vous permettez, dit Adams, pendant ce temps Al va faire un tour dans la maison pour déceler si on ne vous a pas greffé une écoute quelque part, ça m'étonnerait, dit Sevilla, l'île, vu ses brisants, est inaccessible, la seule entrée, c'est le chenal qui conduit au port, il n'est même pas balisé, il est très difficile d'éviter certains cailloux, vous avez pu le constater, c'est notre troisième déchirure depuis un mois, une flamme haute, rouge à la base et rose pâle au sommet, bondit dans la cheminée, lécha les bûches de sapin en grésillant, des étincelles jaillirent, Adams délaça ses chaussures, les enleva, les plaça dans l'âtre, et se renversant en arrière sur le fauteuil laqué blanc à bascule où il s'était assis, il présenta ses pieds au feu, vous est-il arrivé de quitter l'île depuis que vous l'avez achetée? Sevilla secoua la tête, il y a toujours quelqu'un, malgré tout, dit Adams, un ou deux hommes-grenouilles, à marée haute, par nuit claire, en passant par le toit, Sevilla secoua la tête, le toit est en béton, le seul orifice est la cheminée et en ce moment nous faisons une flambée presque tous les jours, Al fit une apparition à la porte de la salle, un sac de cuir à la main et une paire de puissantes jumelles en sautoir, l'air juvénile et renfrogné, où puis-je trouver une échelle? il y en a une dans la remise, dit Sevilla, demandez à Peter.

je vais remettre mes chaussures, dit Adams avec un sourire faible, avant que les semelles commencent à se racornir, il était pâle, son visage glabre aux traits réguliers tendu et creusé, il y eut un silence, ils attendaient Al en regardant le feu, Sevilla se pencha, cueillit sur le côté avec les pincettes une branchette noircie non consumée et la cala entre deux bûches rougies, rien ne se passa pendant un temps qui parut à Sevilla anormalement long, puis la branchette s'enflamma d'un seul coup sur toute sa longueur et les deux bûches elles-mêmes se remirent à flamber avec un pétillement gai et inspiré, nous sommes secs, je crois, dit Sevilla, nous pouvons le laisser mourir, de toute façon, il fait très doux, Al apparut, la lèvre puérile, ses deux sourcils noirs, sévères, barrant le front, l'air sobre et compétent, c'est O. K., dit-il, rien n'a été bricolé, le circuit électrique est intact, rien de suspect, et rien à l'horizon non plus, pas même une barque de pêche, mais de toute façon, pendant que vous parlez, je retourne me poster sur le toit, laissez-nous vos chaussures, dit Sevilla, elles sont trempées, Peter vous en prêtera d'autres, ce n'est pas la peine, dit Al d'un air sévère et puritain, il referma la porte derrière lui, je vous remercie de m'avoir reçu, dit Adams en fixant le feu, il recula son fauteuil à bascule, mais sans tourner la tête vers Sevilla, vous n'avez pas besoin de me dire ce que vous pensez, je le sais, eh bien, reprit-il avec effort, j'ai téléphoné à l'échelon supérieur, vos conditions sont acceptées, Fa et Bi vous seront remis aujourd'hui même, la propriété personnelle et exclusive vous en sera garantie par écrit, je dois cependant vous prévenir que la possession des deux dauphins comporte aujourd'hui certains dangers, Sevilla tourna la tête avec vivacité, quel genre de danger?, Adams dit sans le regarder, pour eux, pour vous, mais si vous le désirez, nous pourrons laisser dans l'île un commando de protection, non merci, dit Sevilla avec une note d'ironie amère dans la voix mon île est un laboratoire strictement privé, personne ne me subventionne, personne ne me contrôle et personne ne me protège, Adams recula son fauteuil d'un mètre environ loin du feu, j'avais anticipé votre réaction, bien, laissez-moi expliquer le peu que je puis vous expliquer, Fa et Bi ont accompli une mission, nous ne savons pas laquelle, il y a eu deux commandos, le commando A — nos gens — qui a amené Fa et Bi à pied d'œuvre et là ils ont été remis au commando opérationnel que nous appellerons le commando B, Sevilla dit avec un petit rire, nous pourrions peut-être tout aussi bien l'appeler C, je n'en sais rien, dit Adams d'une voix terne, mécanique, les yeux toujours fixés sur le feu, je ne fais pas d'hypothèse, j'expose les faits, du commando B, nous ne savons rien, ni son origine, ni sa composition, ni ses buts, sous l'administration Johnson, nous avons reçu un ordre de l'échelon le plus élevé et nous l'avons exécuté, je continue, à l'heure H, le commando A remet Fa et Bi au commando B en pleine mer et regagne aussitôt sa base. Douze heures après, le commando A reçoit un message du commando B : nous avons perdu toute trace de Fa et Bi, les avez-vous vus? Après cela, d'heure en heure, nous recevons du commando B le même message. A H + 26, à la stupéfaction générale, Fa et Bi rejoignent notre base par leurs propres moyens, visiblement épuisés, nous pensons qu'ils n'ont pas cessé de nager depuis l'heure H, vingt-six heures de nage continue et rapide. Bob les questionne. Vous permettez, dit Sevilla, où était Bob depuis l'heure H? Adams secoua la tête, Bob n'a pas quitté le commando A, je reprends, Bob questionne Fa et Bi, mutisme, mutisme total, et même, à l'égard de Bob, l'hostilité la plus déclarée, attitude surprenante, stupéfiante, étant donné ses bons rapports avec eux, nous sommes très intrigués, pourquoi Fa et Bi, mission accomplie ou non, n'ont pas regagné le commando B, comment ont-ils fait pour retrouver notre base, et enfin, comment expliquer leur attitude à l'égard de Bob? nous rendons compte aussitôt en code, et nous recevons deux ordres, le premier de laisser le commando B ignorer que Fa et Bi ont été retrouvés, le second, de rapatrier Fa et Bi. Bien, depuis le retour des deux dauphins, nous n'avons cessé de les interroger, et toujours sans résultat, ils sont muets et hostiles, refusent toute caresse et claquent des mâchoires d'un air menaçant dès qu'on s'approche d'eux, il se tut, Sevilla était surpris par l'altération de ses traits et son ton défensif, il regarda le feu, contre toute attente, au lieu de s'éteindre, il s'était arrangé pour vivre à petits frais, avec le peu de bois qui lui restait, il rougeoyait avec économie, sans se dépenser en flammes, mais sans fumée non plus, sans cette odeur écœurante de décombres et de ruines qu'il laisse derrière lui, Sevilla se redressa, posa les deux mains sur les accoudoirs de son fauteuil et regarda Adams : je suppose que vous me donnez Fa et Bi pour que je les fasse parler et pour apprendre de moi ce qui s'est passé, oui, dit Adams sans changer d'attitude et d'après vos mises en garde, je conclus qu'il y a des gens qui pourraient avoir le plus grand intérêt à, oui, dit Adams, eh bien, vous m'en dites trop, ou trop peu, il y a des trous dans votre récit, vous m'avez parlé de l'heure H, mais vous ne m'avez pas situé le théâtre d'opération et vous n'avez pas daté le jour J, Adams secoua la tête, je vous ai dit tout ce que je peux vous dire, Sevilla le regarda mais ne réussit pas à capter son regard, il se leva et pensa aussitôt, je me lève, pourquoi? par besoin d'agir ou réflexe de fuite? il se força à rester immobile, une main appuyée sur son fauteuil, mais ses jambes tremblaient sous lui, en baissant les yeux, il vit avec stupéfaction sa jambe gauche frissonner convulsivement de la hanche au bout de l'orteil, il appuya son pied à terre, mais sans réussir à arrêter la trépidation, il se rassit, ses jambes continuaient à trembler, il se sentit faible, exténué, exsangue, il ne voyait d'Adams que son profil, et tout d'un coup il eut envie de crier, mais regardez-moi, Adams, regardez-moi donc, pourquoi avez-vous peur de rencontrer mes yeux?

*

Adams se leva.

— Je peux téléphoner?

— Certainement.

Il s'approcha du bureau d'un pas raide, décrocha et fit un numéro.

— Allô, ici Herman... Passez-moi George... George, voulez-vous m'apporter deux caisses de bière, une caisse de Coca-Cola et un régime de bananes. Merci. Vous avez largement la place pour atterrir.

Il raccrocha et se tourna vers Sevilla.

— Un hélicoptère va les amener ici dans une heure et me ramènera aussitôt.

— J'ai compris les « deux caisses de bière », dit Sevilla, mais pas le Coca-Cola, ni le régime de bananes.

Adams sourit.

— Étant donné vos idées pacifistes, je ne suppose pas que vous soyez armé.

— Non.

— Le Coca-Cola y pourvoira. Et j'ajoute un petit poste émetteur.

— Je vois.

— Vous saurez vous servir d'armes légères d'infanterie?

— 1944. Arromanches.

— C'est vrai, où ai-je la tête? Comme si votre biographie m'était inconnue.

Il y eut un silence et Sevilla dit :

— Vous prendrez une tasse de café?

— Volontiers.

Il passa devant Adams et le conduisit dans la salle commune. Les trois femmes s'y trouvaient.

— Bien que vous ne les ayez jamais rencontrées, dit Sevilla, je suppose que vous n'ignorez rien de leur biographie. Arlette, je te présente Herman.

— Mrs. Sevilla, dit Adams avec gravité, c'est un grand privilège de vous rencontrer. Votre mari a un terrible sens de l'humour, et vous connaissez mon vrai nom.

— Enchantée, Mr. Adams, dit Arlette avec froideur.

Adams fit un petit salut de loin à Suzy et Maggie, elles répondirent de la tête, mais sans s'approcher.

— Maggie, dit Sevilla, est-ce qu'il y a une tasse de café pour Mr. Adams et moi-même?

— Bien sûr, dit Maggie.

Ils s'assirent de part et d'autre d'une longue table recouverte de Formica bleu. Le téléphone sonna, Sevilla décrocha, porta le combiné à son oreille et dit : « Ici Sevilla... Qui? George? George comment? »

— C'est pour moi, dit Adams en tendant la main. Allô, Franklin?... Ici, Nathaniel... Quoi?... Adams pâlit et crispa sa main sur le combiné. Bertie est sur les lieux?... Alors, dites-lui de m'appeler et de me rendre compte.

Il raccrocha et regarda Sevilla de ses yeux las et creusés. Il paraissait essoufflé comme s'il venait de se livrer à un violent effort.

— Bob s'est tué en auto. On vient de retrouver son corps dans un ravin.

Quelqu'un poussa un cri, et Adams sursauta avec violence. Sevilla releva la tête et vit en éclair le dos de Maggie tandis qu'elle sortait en courant de la pièce, les deux mains contre ses tempes.

— Suivez-la, Suzy, dit Sevilla.

— Que se passe-t-il? dit Adams.

— C'est Maggie. Elle était amoureuse de lui.

— J'avais oublié, dit Adams en passant la main sur son visage. Dieu sait pourtant si...

— Vous m'excusez, dit Sevilla.

Il sortit à pas rapides de la pièce, rattrapa Suzy sur la terrasse et lui dit à l'oreille : « Avant d'aller consoler Maggie, dites à Peter de surveiller Al discrètement. »

Sevilla rentra dans la pièce. Arlette plaçait une tasse de café devant Adams.

— Merci, dit Adams avec gratitude.

— Voulez-vous quelques biscuits?

Sevilla la regarda. Elle parlait avec une froideur hostile. Elle n'avait pas oublié l'espionnage du bungalow.

— Non, dit Adams. Merci, je n'ai pas faim.

Il se tourna vers Sevilla.

— Comment conduisait-il?

Sevilla le regarda.

— Précisément. Avec beaucoup de prudence.

Adams fixa le Formica bleu de la table, porta la tasse à ses lèvres et la vida avec avidité.

— Voulez-vous une deuxième tasse? dit Arlette d'une voix neutre.

— Volontiers.

Le téléphone sonna, Sevilla décrocha, écouta, et passa le combiné à Adams.

— Bertie?... Ici Ernest... Je vous entends très mal... Rien? Rien, comment, rien?... Carbonisé?...

*

Maggie était couchée à plat ventre sur son lit, la tête enfouie dans son oreiller, les épaules secouées de sanglots, Suzy ferma la porte derrière elle, s'assit à ses côtés et haussa les épaules, et voilà, une fois de plus, je suis de connivence, je m'associe à la fiction, je mens moi aussi, mais jusqu'à quel point sait-elle qu'elle ment, personne ne le sait, même pas elle, Suzy regarda les épaules de Maggie secouées par les sanglots, et pensa avec remords, après tout, le rire c'est peut-être un masque, mais la douleur, même sans objet, n'est jamais fictive, Maggie se retourna, lui agrippa les deux mains avec force et la regarda avec des yeux noyés de larmes, voyons, dit Suzy d'une voix douce, patiente et apitoyée, calme-toi, ne te mets pas dans un état pareil, Suzy s'aperçut au même instant dans le miroir au-dessus du divan et pensa, bon sang, cette sympathie gluante, cet air doucereux de confidente, tous ces mensonges, il y a de quoi vomir, elle entendit Maggie dire « vois-tu, Suzy » d'une voix entrecoupée et elle pensa avec exaspération, ça y est, l'absurdité, le cirque, la mélasse sentimentalo-sexuelle, de quoi rire et de quoi pleurer dans la même minute, vois-tu, Suzy, dit Maggie, d'une voix entrecoupée, ce qui est terrible, ce que je n'arriverai jamais à me pardonner, c'est que c'est moi qui l'ai tué, oh, Suzy, ne me dis pas non, je me suis conduite avec tant de légèreté, d'inconséquence, de cruauté inconsciente, elle sanglota de plus belle, son visage incroyablement laid rendu encore plus laid par les larmes, je l'ai réduit au désespoir, voilà la vérité, d'abord en refusant de l'épouser, mais là-dessus je t'ai déjà tout dit, je sais bien que ça peut paraître absurde, anormal, monstrueux même en un sens, mais je ne veux pas avoir d'enfants, je ne les aime pas, je sais que ça a l'air horrible de dire une chose pareille, mais je n'y peux rien, je suis comme je suis, écoute, je vais te faire un aveu, il y a pire, bien pire, il faut que tu saches, je me suis conduite à l'égard de Bob d'une façon véritablement abominable, mon devoir puisque je ne voulais pas l'épouser, Suzy, tu es une fille si droite, si franche, tu ne diras pas le contraire, mon devoir était de décourager ses avances, et Dieu sait s'il m'en a fait, en un sens, je me dis, c'est mon excuse, jamais, je dois le dire, jamais femme n'a été plus courtisée, plus poursuivie, je dirais même, plus pourchassée, bien entendu chez Bob ce n'était pas grossier ni souligné, c'était délicieusement délicat, ça se marquait par mille petits riens, par exemple, la façon furtive dont, à table, il fuyait mon regard, c'était une manière de me dire, mon amour, je ne peux pas te regarder, sans cela tout le monde comprendrait, oh, il était adorable, quelle gentillesse, quel raffinement, écoute, Suzy, je vais tout te dire, cet aveu me coûte, mais je pense aussi qu'il me soulagera, tu te rappelles sûrement qu'un vendredi nous sommes partis tous les deux en week-end dans sa voiture, non, dit Suzy avec une exaspération contenue, non, je ne me souviens pas du tout, et aussitôt elle pensa, à quoi bon, c'est comme si j'essayais d'arrêter un torrent en le barrant avec une petite pierre, eh bien, dit Maggie, je me trompe peut-être de date, peu importe, en tout cas, c'était en mars, j'en suis certaine, nous sommes partis tous les deux, tu te rappelles, il venait d'acheter son coupé Ford, l'intérieur était en cuir, en cuir rouge, il n'a jamais pu supporter le plastique, eh bien, ce jour-là il m'a tellement suppliée et avec de vraies larmes dans les yeux que j'ai cédé et que je l'ai laissé me conduire dans un motel, à la réception, il m'a inscrite sous son nom, pauvre chéri, comme il devait être heureux de me donner son nom, même pour un soir, enfin, ne me juge pas mal, Suzy, je ne veux pas atténuer ma faute, eh bien, même là, dans cette petite chambre au bord de la mer, je me souviens, la vue était magnifique, nous étions presque sur la plage, même là, il était si bon, si délicat, il ne m'aurait pas touchée, si j'avais voulu, et c'est moi, Suzy, c'est moi, elle cacha dans ses mains sa grosse tête rougeaude défigurée par les larmes, voyons, dit Suzy, n'y pense plus, tu vas te faire du mal, mais tu ne comprends pas! s'écria Maggie, comment ai-je pu être assez cruelle pour me donner à lui et refuser ensuite de l'épouser, c'est odieux, je n'arrête pas de penser à cette nuit-là, nous n'avons pas fermé l'œil, comme bien tu penses, il faisait doux, il y avait une lune splendide, on entendait la mer mourir à quelques pas de nous, il me regardait, il y avait dans ses yeux une interrogation muette, désespérée, et moi, je n'ai rien dit, je n'ai pas dit le oui qu'il attendait, je me suis tue, j'ai eu cet affreux courage, je lui avais donné mon corps, mais rien de plus, oh je me souviens! il reposait sans mouvement à côté de moi, même maintenant je revois son profil sur l'oreiller avec une précision hallucinante, il se découpait sur la vitre inondée de clair de lune, si beau, si délicat, presque féminin dans sa délicatesse, et ses grands yeux ouverts regardant le vide avec une tristesse insondable, comment ai-je pu être si cruelle, Suzy, tout est de ma faute, tout a commencé cette nuit-là, dans ce motel, crois-tu que Bob aurait accepté de marcher dans les combines de ces gens-là et de partir avec Fa et Bi si j'avais consenti à être sa femme, et maintenant, on vient me dire qu'il est mort, victime d'un accident d'auto, lui! mais il conduisait comme un ange! il avait horreur de la vitesse, tu te souviens, il disait qu'une voiture doit glisser sur la route comme un bateau sur l'eau, la vérité c'est qu'il s'est tué, non, Suzy, je ne veux pas me dissimuler la vérité, même si je dois en souffrir deux fois plus et être rongée par les remords, il s'est tué parce qu'il ne pouvait plus supporter de vivre seul, loin de moi, sans espoir, sans l'enfant qu'il aurait voulu que je lui donne, comment puis-je jamais me pardonner ma cruauté, mon insensibilité, mon inconscience, car enfin, Suzy, je l'ai repoussé, le pauvre chéri, comme j'ai repoussé Sevilla mais Sevilla, lui, je ne lui ai pas vraiment fait de mal, c'est un instinctif, un primitif même en un sens, la première femme qui, après moi, est passée à sa portée, il s'est jeté dessus et il s'en est satisfait, pauvre Arlette, elle n'a été dans cette histoire qu'un ersatz, je me demande l'effet que ça lui fait quand elle s'en rend compte, de temps à autre, et puis, Sevilla, c'est à coup sûr une grande intelligence, mais en tant qu'homme il est un peu effrayant, tu ne trouves pas, ces yeux, cette bouche, ces poils sur la poitrine, tout à fait entre nous, Suzy, j'aurais eu horreur de me donner à Sevilla, j'aurais eu l'impression d'être ravagée par une patrouille de marines, enfin, Sevilla est ce qu'il est, je ne le blâme pas, c'est un homme, c'est tout, mais Bob, reprit-elle, les larmes coulant en longues traînées sur ses joues marbrées, Bob, ce n'était pas un homme, Suzy, mais un archange, une sorte de Shelley, si pur, si tendre, si désincarné, il avait de moi un profond besoin spirituel, pas de mon corps, de moi, de moi, tu comprends, de moi en tant que personne humaine, tu vas avaler ça, dit Suzy avec fermeté en faisant glisser des pilules dans le creux de sa main et en les tendant à Maggie, allons, avale et maintenant bois, dans un moment tu feras dodo, elle prit la main de Maggie dans les siennes et la tint serrée jusqu'à ce qu'elle commençât à s'assoupir, elle regardait les traits ingrats et rougeauds, aussi marqués par les larmes que le visage d'un boxeur par les coups d'un combat perdu, et c'était bien ça, au fond, la pauvre Maggie, défaite au premier round dans la compétition des sexes, condamnée d'avance à la faim, l'horrible faim sexuelle, la souffrance, non pas la pire, mais la plus humiliante, dans le monde des gens qui mangent, Suzy porta la main gauche à son visage, et la promena avec légèreté sur ses propres traits, mais tout était là, bien en place, bien distribué, la peau jeune bien tendue sur les os délicats, le nez ciselé, la petite oreille, les fossettes, la lèvre au pli tentant, oh, c'était injuste, injuste, qui avait condamné Maggie à la faim et avec elle, des millions d'êtres humains solitaires qui ne peuvent penser à rien d'autre, Maggie dormait, Suzy retira sa main par degrés, elle sortit de la chambre, prit une inspiration profonde et se précipita en courant dans la remise où Peter, à genoux, bricolait le moteur du hord-bord, prends-moi dans tes bras, dit-elle, mais j'ai les mains sales, il se releva et la regarda de ses yeux tendres, rieurs, oh, Peter, qu'est-ce que ça fait, il la reçut en pleine poitrine, chaude, ronde, odorante, il la pressa contre lui avec ses coudes, les mains en l'air, non, non, dit-elle, pas comme ça, serre-moi, serre-moi fort, elle haletait, les yeux brillant de larmes, elle embrassa son torse de ses deux bras et se serra frénétiquement contre lui comme si elle avait voulu entrer dans son corps pour se protéger de la vie.

*

— J'espère, dit Adams, que vous admettez maintenant la nécessité d'une protection dans l'île.

— Pas du tout, dit Sevilla en relevant la tête et en le regardant dans les yeux. Je m'y refuse catégoriquement. Mon point de vue est inchangé.

— Voyons, Sevilla, permettez-moi d'insister. Après ce qui vient de se passer, il est clair que si Fa et Bi vous sont remis, vous courrez les plus grands dangers.

Arlette ouvrit la bouche pour parler, mais son regard croisa celui de Sevilla et elle resta silencieuse.

— Mrs. Sevilla, vous alliez dire quelque chose?

— Non, dit-elle avec froideur. Rien d'important.

Adams regarda longuement Sevilla.

— Dans ce cas, dit-il avec lenteur, je ne sais pas si je peux vous confier les dauphins. Sans commando de protection dans l'île, les conditions minima de sécurité ne me paraissent pas réunies.

— Ne me les confiez pas, dit Sevilla d'une voix brève. Je ne suis pas demandeur. — Il ajouta : — Je n'ai pas non plus demandé à vous voir.

Il y eut un silence. Adams, les deux mains dans les poches, regardait le sol à ses pieds.

— Vous êtes quelqu'un d'assez déroutant. Il y a quelques mois, je me souviens très bien, vous m'avez dit que vous considériez Fa et Bi comme vos propres enfants.

Le visage de Sevilla se ferma.

— J'ai pu être amené à exagérer mes sentiments.

Arlette regarda Sevilla, parut de nouveau sur le point de parler et se ravisa. Il y eut de nouveau un long silence.

— Permettez-moi de résumer la situation, dit Sevilla d'une voix nette. Si vous décidez, après réflexion, de ne pas me confier Fa et Bi, fort bien, vous décommandez l'hélicoptère et Peter vous ramène à terre. Si vous me les confiez, vous m'en reconnaissez la propriété personnelle par un document écrit. De mon côté, je m'engage, s'ils parlent, à enregistrer leurs déclarations et à vous remettre l'enregistrement. Mais en aucun cas je n'accepte dans l'île un commando de protection. Par contre, si vous voulez organiser une surveillance maritime à distance convenable de l'île, c'est votre affaire, je n'y vois pas d'inconvénient. Je n'en vois pas non plus à recevoir de vous des armes ainsi qu'un poste radio pour communiquer avec vos bâtiments. Par contre, je ne veux pas de surveillance aérienne, ni de survol de l'île.

Adams gardait les yeux baissés. Il laissa passer quelques secondes et dit :

— A mon tour. Si vous obtenez un récit de Fa et Bi, un enregistrement ne me suffit pas. Il me faudra écouter ce récit de leur bouche.

— Accepté, dit Sevilla.

Il reprit aussitôt :

— De leur évent.

— Pardon?

— Pas de leur bouche, de leur évent.

— J'avais oublié, dit Adams avec un sourire tendu. En second lieu, il me paraît indispensable de laisser Maggie, Suzy et Peter en dehors de tout ceci.

— Accepté, dit Sevilla. Nous l'avons fait, l'un et l'autre, par accord tacite jusqu'ici, mais je continuerai. A cet égard, voici ce que je vous propose : votre hélicoptère atterrit sur la terrasse, débarque les armes, le poste radio et les dauphins. Vos hommes immergent ceux-ci dans le port, sans qu'aucun d'entre nous apparaisse, puis l'hélicoptère vous prend à bord ainsi qu'Al et s'en va. Après votre départ, Arlette et moi, nous entrerons, seuls, en contact avec les dauphins.

— Je vous suggère une variante, dit Adams au bout d'un moment. Je pourrais être présent quand Mrs. Sevilla et vous-même entrerez en contact avec Fa et Bi.

— Non, dit Sevilla. Absolument pas.

— Pourquoi?

— Dois-je le répéter? Ce laboratoire m'appartient, personne ne me subventionne et personne ne me surveille. Adams, poursuivit-il avec humeur en se levant, si vous passez votre temps à remettre en question mes conditions, nous n'en finirons jamais. Décidez-vous. En ce qui me concerne, je considère que la négociation est terminée.

— Mais je suis d'accord, dit Adams d'un air piqué. Permettez-moi de vous dire que je vous ai trouvé extraordinairement tranchant dans la discussion.

Sevilla regarda Adams de ses yeux sombres et resta une ou deux secondes sans parler. Puis il fit un petit geste de la main et dit :

— Si vous me permettez, je vais vous laisser seul quelques instants, le temps que vous nous confirmiez par écrit que vous nous donnez Fa et Bi.

Sevilla fit un petit signe à Arlette, sortit avec elle de la pièce et se dirigea vers la remise. Dès qu'il l'aperçut, Peter se leva, griffonna quelques mots sur une page de son calepin, la déchira et la lui tendit. Arlette regarda Suzy.

— Comment va Maggie?

— Elle dort. Je lui ai donné un somnifère.

— Comment prend-elle...

— Comme il fallait s'y attendre. C'est sa faute à elle. Elle a réduit Bob au désespoir, c'est pourquoi il s'est suicidé.

— Pauvre fille. Je ne sais pourquoi j'ai toujours mauvaise conscience à son sujet.

— Moi aussi.

— Savez-vous que votre robe est toute sale dans le dos? Vous avez dû vous appuyer contre le moteur.

— Peut-être, dit Suzy en souriant.

Dans un brusque élan d'affection, elle prit les deux mains d'Arlette dans les siennes et les serra avec force.

Sevilla passa à Arlette la page que Peter avait griffonnée. Elle la parcourut des yeux : *Al a installé une écoute dans la maison, mais il ne s'est pas approché du port.*

— Où en êtes-vous de vos réparations? dit Sevilla à haute voix.

— Le gros pneumatique est réparé, mais je ne le mettrai pas à l'eau avant demain. Je nettoie le 5 CV du petit.

— Bien. Je vous laisse. Arlette et moi, nous allons replacer le filet à l'entrée du bassin.

Quand ils atteignirent la jetée, Arlette se tourna vers Sevilla et dit à voix basse :

— Pourquoi n'as-tu pas accepté le commando qu'Adams voulait te donner?

— L'insistance d'Adams ne m'a pas plu. Ce commando, c'est le type même de l'arme à deux tranchants.

— Tu crois cela!

— Oui. Sûrement. J'ai senti une ambiguïté dans l'attitude d'Adams. Il veut savoir la vérité, ça, j'en suis sûr. Mais pourquoi? Pour la transmettre à l' « échelon supérieur »? Peut-être. Et peut-être aussi simplement pour qu'elle lui donne barre sur B. Je ne lui fais pas confiance.

— Tu penses que, lui ou ses chefs, pourraient décider, réflexion faite, de supprimer la vérité?

— Oui, je le pense.

— Et dans ce cas...

Sevilla la regarda de ses yeux sombres.

— Dans ce cas, nous sommes de trop.

XIII

Adams tendit le papier à Sevilla, celui-ci le lut avec attention, puis le plia en quatre et le plaça dans son portefeuille, Adams regarda sa montre, ils ne vont pas tarder à être là, il ajouta, en abordant dans votre bassin, tout à l'heure, je n'ai pas vu votre delphine, c'est bien une delphine, n'est-ce pas, est-ce qu'il ne va pas y avoir un problème avec Bi? il y aura une petite difficulté, dit Sevilla, vous avez bonne mémoire, Bi ne supporte pas la présence d'une autre femelle à proximité de Fa, mais dans le cas présent, je ne pense pas que la chose soit très grave, le bassin est ouvert, Daisy a l'habitude d'entrer et de sortir, si la tension avec Bi devient trop forte, elle s'en ira, il fut sur le point de parler de Jim, mais il se ravisa, il y eut quelque part un ronflement strident de moteur, écoutez, voici nos hommes, dit Adams en marchant vers la fenêtre, il l'ouvrit, il se pencha dehors et regarda en l'air, si vous me permettez, dit Sevilla, je vais refermer, vous connaissez nos conventions, vos hommes doivent immerger eux-mêmes Fa et Bi dans le bassin et aucun d'entre nous ne doit être vu des dauphins avant votre départ, eh bien, dit Adams, je vous souhaite bonne chance, sa voix était à demi couverte par le ronflement assourdissant de l'hélicoptère qui se rapprochait, c'est terriblement important, je n'ai pas besoin de vous le dire, il regarda Sevilla de ses yeux las et creusés et Sevilla le regarda à son tour, c'était étonnant, il avait l'air sincère, ému, mais, au fond, ça ne voulait rien dire, il était de ces gens qui savent mettre leur âme entre parenthèses dès qu'ils reçoivent un ordre, il est très important, aussi, d'aller vite, reprit Adams d'une voix rapide, essoufflée, dès qu'ils auront parlé, s'ils parlent, appelez-moi par radio, je serai à demeure sur un des bâtiments de protection, je viendrai aussitôt, le fracas de l'hélicoptère lui coupa la parole, il reprit sa respiration, regarda Sevilla et il eut un geste inattendu, il lui tendit la main, Sevilla baissa les yeux, toujours la même ambiguïté, les rapports humains pervertis, la sympathie, l'estime, rien n'était faux, rien n'était vrai, la poignée de main ou la balle de mitraillette, tout était soumis aux ordres, Adams avait remis sa conscience dans les mains de ses chefs, tout était décidé ailleurs, c'était la main d'un homme absent, je ferai l'impossible, dit Sevilla sans bouger, je crois que je me rends compte de l'importance de l'enjeu, Adams se dirigea vers la porte, dès qu'il l'ouvrit, en même temps que le fracas inhumain de l'appareil qui se posait sur la terrasse, une violente rafale envahit la pièce, la porte claqua derrière Adams comme s'il avait été happé par le vent, je suis terriblement émue à l'idée de les revoir, dit Arlette, je me demande comment ils vont nous accueillir, Sevilla posa son bras sur son épaule, je me le demande aussi, de toute façon, c'est un bonheur de les avoir là, asseyons-nous, poursuivit-il, je suis éreinté, cet être-là est tuant, il pensa, ce que je viens de dire est enregistré, il se mit à rire, pourquoi ris-tu? rien, rien, je t'expliquerai, ils s'assirent côte à côte, il appuya son épaule contre la sienne, elle était habillée d'un short blanc et d'une chemisette de lin bleu clair, son cou bronzé et sa tête fine sortaient avec grâce du col relevé sur la nuque, elle le regardait de ses yeux doux, ses cheveux noirs brillants frisés dessinaient une auréole noire autour de son visage lisse au teint chaud, sa gentillesse, sa merveilleuse gentillesse, un minimum de griffes, et seulement en état de jalousie, elle avait la première qualité d'une femme, elle était douce, et pas seulement la douceur en surface du caractère, elle était douce aussi en profondeur, son être même était bienveillant, à cette seconde, il ne pensait plus au danger, à la guerre, il avait Arlette, on lui rendait Fa et Bi, une nouvelle vie commençait, il se sentait léger, bondissant de terre, il regardait Arlette, elle était odorante et tendre, elle avait l'air d'un fruit, d'une fleur, d'un poulain dans une prairie, d'un rayon de soleil dans un bouquet de bouleaux, à quoi penses-tu? dit-elle, il lui sourit, mais à rien, à rien, il ne voulait rien lui dire, il ne voulait pas parler, même avec elle, à cet instant, il voulait être seul à savourer son image, à la laisser fondre dans sa bouche comme du miel, tu te souviens, dit-elle, quand on a donné Bi à Fa, il m'avait éclaboussée, j'étais fatiguée, trempée et si heureuse, je suis venue te rejoindre pour chronométrer, je t'ai indiqué les secondes et même les dixièmes, tu m'as taquinée sur ma précision, on s'est mis à rire, et tout d'un coup j'ai senti qu'on était si proche, si proche, il passa la main derrière le col de sa chemisette, la saisit par la nuque et rapprocha sa tête de la sienne, c'était affolant, le volume de bruit que pouvaient produire ces engins, fenêtres et portes fermées, le fracas vous perforait la tête, on ne pouvait même plus penser, ils s'envolent, dit Arlette en se levant et en se dirigeant vers la fenêtre, ils s'envolent comme des anges, reprit-elle avec un petit rire de dérision, c'est extraordinaire comme je me sens soulagée, j'avais l'impression que l'île était occupée, il la rejoignit, ouvrit la porte, sortit sur la terrasse, l'hélicoptère prenait de la distance et de la hauteur avec ce vol en crabe, bizarre, disgracieux, semblable à celui d'un insecte maladroit embarrassé de son corps pansu, Sevilla se dirigea à pas rapides vers la remise, ouvrit la porte, je vais vous demander, dit-il, à l'un et à l'autre, de ne pas vous approcher du port aujourd'hui, je désire être seul pour reprendre contact avec eux, Suzy et Peter le regardèrent une pleine seconde, surpris, peinés, O.K., dit Peter d'un air roide, il tendit en même temps une feuille de son carnet où il avait griffonné : *Faut-il saboter l'écoute?* Sevilla fit non de la tête, saisit le seau de poissons destiné à Daisy et faisant un signe à Arlette, il descendit à pas rapides la piste rouge bétonnée qui menait au port, il s'engagea sur la petite jetée en bois où le *Caribee* était à quai, et vit les deux dauphins en train de tourner l'un à côté de l'autre, son cœur battait, il cria Fa! Bi!, ils s'immobilisèrent à cinq ou six mètres et le regardèrent en penchant la tête successivement d'un côté et de l'autre pour le dévisager de l'œil gauche et de l'œil droit, ils restèrent ainsi à le considérer pendant près d'une minute, se maintenant à flot par de légers coups de leur caudale et sans échanger entre eux un seul sifflement, Fa! Bi! Approchez! cria Sevilla, mais rien ne se produisit, rien d'autre que cette inspection silencieuse, méfiante, sans bonds hors de l'eau, sans gaieté, sans éclaboussements malicieux, c'était leur silence surtout qui affectait Sevilla, mais c'est moi! cria-t-il, c'est Pa! vous vous rappelez, c'est Pa! et prenant un poisson dans le seau, il s'agenouilla sur la jetée et le tendit à bout de bras dans leur direction, rien ne se passa de notable pendant quelques secondes, ils regardaient alternativement le poisson et Sevilla, puis tout d'un coup, en même temps, comme s'ils n'avaient pas eu besoin de se consulter pour se mettre d'accord, ils virèrent sur eux-mêmes, ils s'éloignèrent et reprirent leur ronde autour du bassin, jetant au couple quand ils passaient devant lui le même coup d'œil, scrutateur et indifférent, c'est raté, dit Sevilla la gorge serrée, chose étrange, à cette minute, il ne se sentait plus adulte, il régressait vers une situation bien antérieure, il avait l'impression d'être un petit garçon méprisé et rejeté, sans qu'il sût pourquoi, par des compagnons qu'il aimait, le sentiment de l'injustice s'ajoutait à l'humiliation, c'est à peine s'il refrénait ses larmes, il posa le seau sur la jetée, y lança le poisson qu'il tenait à la main et se redressa, Arlette lui toucha le bras, tu ne vas pas te mettre à l'eau et essayer de les approcher? non, non, dit-il au bout d'un moment d'une voix sans timbre, ce serait une faute, ils se buteraient davantage, pour l'instant il n'y a qu'une chose à faire, les laisser, viens, ne restons pas ici, il pivota sur ses talons, il remontait la cale cimentée, Arlette marchait à ses côtés, les yeux pleins de larmes, la pente devant elle paraissait tout d'un coup abrupte et pénible, il s'arrêta et se retourna juste à temps pour voir Fa émerger de l'eau, poser son torse sur la jetée et d'un revers de tête, exactement comme un footballeur détourne une balle de ses buts, balayer le seau de poissons et le projeter dans le port, ceci fait, il émit un sifflement de triomphe, plongea, reparut avec un poisson en travers de la gueule et l'engloutit, Bi plongea à son tour, ils dévoraient le contenu du seau avec une vitesse et une avidité incroyables, Sevilla les considérait, figé par le chagrin, il se sentait rejeté, exclu, infériorisé, ils n'ont rien voulu de ma main, dit-il à voix basse avec une sorte de honte.

*

— Vous êtes arrivé à maîtriser cet appareil? dit Sevilla avec lassitude.

Peter leva la tête et le regarda. Il était surpris par le ton de sa voix.

— Sans difficulté. Mais on ne doit pas parler en clair. Il y a un code.

— Voudriez-vous appeler Adams? Dites-lui que le premier contact n'est pas encourageant. Mutisme, hostilité. Ils n'acceptent même pas un poisson de ma main.

Le visage de Peter s'assombrit.

— Le temps de coder tout cela et j'appelle.

— Merci. Suzy, voulez-vous dire à Arlette que je ne viendrai pas déjeuner. Je vais m'étendre.

Suzy le regarda de ses yeux clairs.

— Souffrant?

— Non, non. Un peu fatigué, c'est tout.

— Je voudrais vous dire, je suis navrée.

Comme il ne répondait rien, elle ajouta :

— Est-ce que vous pensez...

Il fit un geste de la main, pivota sur ses talons, sortit et enfila le couloir. Toutes les pièces du bungalow avaient deux issues : l'une sur la terrasse par une porte-fenêtre vitrée, l'autre, par une porte pleine, sur un couloir. Celui-ci, orienté du côté d'où venait le vent, ne comportait pas de fenêtres et n'était éclairé que par une triple rangée de briques translucides à hauteur de visage. Pour la première fois depuis qu'il avait acheté la maison, Sevilla trouva ce couloir lugubre, il gagna sa chambre, tira les rideaux et se jeta sur le lit. Puis il se releva, prit sa robe de chambre et s'étendit à nouveau en la plaçant sur lui. Après quoi, il en saisit la ceinture, la fit coulisser à travers le passant pour obtenir une plus grande longueur, et la posa sur ses yeux. Il était couché sur le côté gauche, en chien de fusil, la tête faisant face au mur, les deux mains sous le menton, recroquevillé sur lui-même, il n'avait pas froid, la robe de chambre était là pour lui donner un sentiment de protection, du temps passa, il n'arrivait ni à dormir, ni à penser, la même image repassait sans cesse devant ses yeux avec une monotonie épuisante, Fa et Bi, à cinq mètres de lui, tournaient la tête à gauche, puis à droite, pour le regarder.

La porte s'ouvrit et la voix d'Arlette dit tout bas : Tu ne dors pas? Non, dit-il au bout d'un moment. Il se retourna, la ceinture qui obscurcissait ses yeux glissa, et il vit Arlette debout, devant le lit, un plateau à la main, tu m'apportes à manger, dit-il d'un air vague en s'asseyant sur le lit, elle plaça le plateau sur ses genoux, il prit un sandwich et commença à mastiquer, les yeux absents, quand il eut fini, elle versa le contenu de la boîte de bière dans un verre et le lui passa, il but quelques gorgées et lui rendit le verre aussitôt, veux-tu le deuxième sandwich? il passa ses doigts écartés dans ses cheveux et fit non de la tête, elle posa le verre à demi plein et le deuxième sandwich sur la table de chevet, elle le regarda, quand il se sentait malheureux, il éprouvait un sentiment de honte, il avait envie d'être seul, il se couchait, au début elle était choquée, écoute, chérie, tu sais pourquoi tu es choquée? parce que je réagis d'une façon naturelle, j'ai horreur de tout ce *cant* anglo-saxon sur la virilité à tout prix, moi, quand je me sens faible, je ne fais pas semblant d'être fort, je me roule en boule et j'attends que ça passe, et c'est vrai, ça passait toujours, en quelques heures il récupérait son courage, sa joie de vivre, elle se pencha et passa la main sur sa joue, il se laissa faire sans rien dire, l'air triste, les yeux éteints, elle avait toujours l'impression qu'il en mettait trop, qu'il en rajoutait, qu'il ne pouvait pas être à ce point déprimé, mais peut-être l'élément de comédie faisait-il partie de sa thérapeutique, peut-être assumait-il son état dépressif d'une façon presque caricaturale pour pouvoir mieux le liquider, je te laisse, dit-elle, il lui fit un sourire sans joie, puis il s'étendit à nouveau, se tourna sur le côté, il entendit la porte qui se refermait, tâtonnant de la main il trouva la ceinture de la robe de chambre et la replaça sur ses yeux, au même instant, l'image de Fa et de Bi surgit, ils n'arrêtaient pas de pencher leurs grosses têtes à droite, puis à gauche, en le dévisageant d'un air fermé.

Il eut l'impression de s'assoupir quelques instants

à peine, mais il s'aperçut, en consultant sa montre, qu'il avait dormi deux heures. Il s'assit sur le lit, sa robe de chambre glissa, il avait froid, il ouvrit la porte vitrée, revint prendre sur la table de chevet le deuxième sandwich et le verre de bière et descendit vers le port, le soleil se saisit aussitôt de sa tête, de sa nuque, de son dos, de ses mollets, il se sentait mieux, quand il atteignit la jetée en bois, il marcha jusqu'à son extrémité, posa le verre sur le caillebotis, s'assit, les jambes pendantes au-dessus de l'eau, le soleil lui chauffait la poitrine, il flaira le sandwich et aussitôt ce fut comme s'il avait oublié depuis longtemps l'odeur du pain et du jambon, il les retrouva avec joie comme après une longue maladie, la salive afflua dans sa bouche, il mordit dans le sandwich, la bouchée irradiait son palais de contentement tandis qu'elle perdait sa forme et qu'il retardait l'envie brutale de l'avaler, il s'efforçait de manger avec lenteur pour prolonger la sensation, mais l'avidité, la hâte, la gloutonnerie étaient, elles aussi, un plaisir, quand il eut fini, il vida ce qui restait de bière, elle était tiède, mais franche, bon enfant, populaire, il s'essuya la bouche et les mains avec son mouchoir, et regarda Fa et Bi, les idiots! les damnés petits idiots! ils le snobaient! il se redressa et siffla avec vigueur en delphinais :

— Fa, parle-moi!

Fa tourna la tête de droite et de gauche et dit :

— Qui siffle?

— C'est moi! C'est Pa!

Il s'approcha.

— Qui t'a appris si bien? Tu ne sifflais pas bien quand nous sommes partis.

— Des dauphins. D'autres dauphins.

— Où sont-ils?

— Tu les verras. Ils vont venir ici.

Bi s'approcha.

— Mâle ou femelle?

— Un mâle et une femelle.

— Je ne les veux pas, dit Bi.

— Pourquoi?

— Je ne les veux pas.

— Ils étaient ici avant toi.

— Je ne les veux pas.

Sevilla se tourna vers Fa.

— Fa, pourquoi tu n'as pas accepté de poisson de ma main? Il y eut un silence et Fa détourna la tête.

— Réponds, Fa.

Il y eut de nouveau un silence et Bi dit tout d'un coup :

— Tu nous a trompés.

— Moi?

— Tu as laissé Ba nous enlever.

— Bob vous a enlevés derrière mon dos. Je n'étais pas d'accord.

— Ba nous a dit : il est d'accord.

— Bob vous a dit la chose qui n'est pas.

— Ma était là quand Ba nous a enlevés : Ma n'a rien dit.

— Bob a dit à Ma : Pa est d'accord.

Après cela, il y eut un long silence. Bi et Fa le regardaient, ni amicaux, ni hostiles. Ils n'approchaient pas. Ils se tenaient à quelques mètres de la jetée. Ils ne refusaient plus le dialogue, mais ils refusaient toujours le contact.

— Eh bien, Bi, dit Sevilla, tu ne dis rien?

Il s'adressait de nouveau à elle, parce qu'il savait que c'était elle, dans le couple, l'élément le plus dur. Elle pencha la tête sur le côté.

— Peut-être Ba a dit la chose qui n'est pas. Peut-être, toi, tu dis la chose qui n'est pas. Comment savoir?

— Moi, dit Sevilla, je dis la chose qui est. Moi, je vous aime. Écoute, Bi, rappelle-toi : Pa a élevé Fa. Pa a donné Fa à Bi.

— Mais Pa a mis une cloison entre Fa et Bi.

Sevilla la regarda, stupéfait. Elle lui reprochait ça! La ténacité du ressentiment féminin!

— Voyons, Bi. Seulement pour apprendre l'anglais à Fa. Après, je l'ai enlevée.

Il y eut un silence et Bi reprit :

— Maintenant, je ne parle plus. Maintenant, je nage

— Dis-moi un mot en anglais.

— Non.

— Pourquoi?

— Je ne veux plus parler la langue des hommes.

— Moi non plus, dit Fa tout d'un coup.

— Pourquoi? dit Sevilla en se tournant vers lui.

Fa ne répondit pas.

— Pourquoi, Bi?

Bi le regarda alternativement de l'œil droit puis de l'œil gauche.

— Pourquoi, Bi?

Plusieurs secondes s'écoulèrent et Bi répondit. Chose curieuse, elle ne siffla pas sa réponse. Sans souci de la contradiction apparente, elle la parla en langue humaine. Elle entendait sans doute marquer que c'était par choix et non par oubli, qu'elle refuserait désormais de s'exprimer en anglais.

Elle dit d'une voix criarde, nasillarde et parfaitement distincte :

— L'homme n'est pas bon.

Là-dessus, elle tourna le dos et se mit à nager, flanquée de Fa, autour du bassin.

*

Sevilla tourna la tête, Arlette était debout à ses côtés, il se rendit compte qu'elle avait dû être là depuis le début de l'entretien avec les dauphins, elle le regardait avec reproche, tu ne m'as pas dit que tu descendais au port, il lui sourit et passa la main sous son bras, elle pencha la tête, la nicha contre son cou et la laissa quelques secondes, dans une attitude d'abandon et de tendresse, imagine la situation, dit-il au bout d'un moment, un croyant adore son dieu, à ses yeux celui-ci est toute bonté, toute vérité, toute noblesse et tout d'un coup, il découvre que son dieu est bas, menteur et cruel, il désigna de la main Fa et Bi, voilà ce qui leur est arrivé, pourtant, dit Arlette, ils se sont ouverts, tu as pu leur parler, il y a progrès, Sevilla secoua la tête, ils se sont ouverts pour mieux se refermer, tout ce que je puis dire, c'est que je n'ai pas le droit de perdre espoir, ils ont reçu un choc terrible, ils sont traumatisés au dernier degré, rappelle-toi, l'homme est bon, il est lisse et il a des mains, bref, l'homme, c'est Dieu, et maintenant, je ne puis même pas ouvrir la bouche sans qu'ils me soupçonnent aussitôt de mentir, et je dois les convaincre de ma bonne foi dans une langue sifflée que je ne maîtrise qu'à moitié, et la possibilité, pour eux, de mettre, à tout instant, fin à l'entretien, « maintenant, je ne parle plus, maintenant, je nage », tu connais le truc de Bi, elle nous l'a fait combien de fois, et elle s'en va, royale, et bien entendu, ce grand dadais de Fa la suit aussitôt, il se tut, Adams a téléphoné, dit Arlette, il voulait savoir où on en est, veux-tu lui dire qu'il n'y a rien de nouveau, je n'aime pas du tout l'idée de cette communication dans les airs, n'importe qui peut décoder un code, Arlette coula ses doigts le long de sa manche et lui prit la main, Maggie est réveillée, elle t'attend dans ton bureau, elle veut te parler, Seigneur, dit Sevilla,

elle était assise droite sur une chaise, le cheveu en bataille, les yeux gonflés, le visage écarlate, l'air sérieux, tendu, *problematische*, Sevilla se laissa tomber sur son fauteuil de l'autre côté du bureau, il sentait dans tout son corps une pesanteur de plomb, il prit un crayon, attira une feuille de papier, regarda un point de l'espace au-dessus du front de Maggie, et dit d'une voix neutre, eh bien, Maggie, aussitôt ce fut comme s'il avait ouvert la porte d'une écluse, un flot de paroles se précipita sur lui en bouillonnant, il se laissa emporter par lui sans résistance, les yeux baissés, l'air attentif, la pointe du crayon appuyée sur la feuille, il y avait des années qu'il n'écoutait plus Maggie, son oreille était devenue sélective, elle ne laissait passer que les faits, les informations, les communications objectives, dès que le délire commençait, elle se fermait, il traça un cercle sur son papier, et dans le cercle, un carré, je me demande comment fait mon oreille pour jouer ce rôle de filtre, à quoi reconnaît-elle qu'il faut tourner le commutateur, quelle est sa méthode de sélection, comment fait-elle pour savoir, avant ma conscience claire, qu'il est inutile d'écouter, il se força à prêter attention à Maggie, il plongea dans le flot de ses paroles comme un chalut au fond de la mer pour prélever un échantillon, *il m'a inscrite sous son nom, pauvre chéri, comme il devait être heureux de me donner son nom, même pour un soir*, eh bien, l'échantillon est décisif, ce qui guide mon oreille, c'est la voix, Maggie n'a pas une voix, mais deux, la voix nette et bien timbrée de la secrétaire qui continue à fonctionner à un haut niveau d'efficacité professionnelle, et la voix du délire, une voix perchée, criarde, artificielle, la voix de la petite fille qui, à la puberté, s'inventait des accouplements avec tous les hommes de son entourage, et qui n'a jamais cessé depuis, il releva la tête et regarda Maggie, visiblement ça lui est égal que je ne l'écoute pas, elle n'a pas vraiment besoin d'un interlocuteur, elle ne me parle pas, elle parle devant moi, elle a besoin, non pas de quelqu'un, mais de la fiction d'une présence pour se raconter, et si elle a besoin de se raconter, c'est pour donner du corps à ce qu'elle dit, pour achever d'y croire, *vous mettre en présence de vos responsabilités*, pardon? dit Sevilla avec un haut-le-corps mes responsabilités? quelles responsabilités? vous voyez, dit Maggie de sa voix nette et bien timbrée de secrétaire, vous ne m'avez pas écoutée, d'ailleurs ça ne change pas, vous ne m'écoutez jamais, j'ai toujours l'impression désagréable de parler dans le vide, je vous demande pardon, dit Sevilla avec confusion, je suis un peu fatigué, Maggie le regarda et un flot de tendresse l'envahit, c'est vrai qu'il avait l'air fatigué, et en plus, il était adorable avec son air de petit garçon pris en faute, bien entendu, Arlette n'est pas du tout le genre de femme qu'il lui faut, trop sensuelle, pas assez tendre, elle développe beaucoup trop son côté gorille, le côté homme des bois toujours prêt à se jeter sur vous le sexe brandi, j'ai horreur de ce priapisme latin, je me souviens la première année, il me donnait des cauchemars terrifiants, je le voyais surgir toutes les nuits dans un coin de ma chambre, nu, velu, érigé, il marche sur moi, il me dévore de ses yeux sombres, je suis toute fondue de terreur, ses mains brunes m'arrachent mon pyjama, mes seins jaillissent à découvert, il m'écrase de son poids, j'ai si peur, je ne résiste même pas, vous parliez de mes responsabilités, dit Sevilla, il y eut un silence, il leva la tête, elle le regardait essoufflée, les yeux un peu hagards, la sueur perlant sur son front, *vous ne pouvez pas nier*, dit-elle tout d'un coup d'une voix criarde et haut perchée, *que vous avez fait l'impossible pour me séparer de mon fiancé, oh, je ne vous blâme pas, je dirais même que je comprends très bien les sentiments élémentaires auxquels vous avez obéi*, le bruit de paroles recula, franchit un seuil, devint léger et confus, Sevilla ajouta un carré à l'intérieur du cercle le plus petit et le hachura avec soin, cette pauvre fille, le rétrécissement névrosé du champ de la conscience, le rabâchage sans fin ni trêve, l'impossibilité de penser à rien d'autre, on était là, à cinq jours du 13 janvier, à cinq jours du tournant historique du siècle, des millions, des centaines de millions de gens allaient peut-être mourir, la planète, au bord de la guerre et peut-être de la destruction, mais pour Maggie, rien de tout cela n'était réel, elle était enfermée dans sa peau, murée dans son obsession, torturée par son sexe, il y eut un petit coup à la porte, la tête d'Arlette apparut, soucieuse, voudrais-tu venir, mon chéri, Daisy et Jim sont de retour et ça ne marche pas bien du tout avec Fa et Bi.

*

Sevilla regarda sa montre. Six heures. Encore une heure de jour. En apparence, dans le port, il ne se passait rien. Daisy et Jim étaient cantonnés contre le flanc du *Caribee*, Fa et Bi de l'autre côté du bassin. Les deux couples se faisaient face, immobiles. De temps en temps, l'une des deux femelles faisait entendre un sifflement aigu, auquel l'autre répondait en écho.

Sevilla se tourna vers Arlette.

— Tu étais là quand Daisy et Jim sont entrés?

— Oui. Sans avertissement préalable, Bi s'est jetée sur Daisy et l'a mordue. Daisy ne s'est pas laissé faire et l'a mordue à son tour. Cette bataille de dames a été interrompue par Jim, qui a distribué quelques coups de queue à Bi, mais sans la mordre. Bi s'est retirée.

— Et Fa?

— Fa n'a pas bougé. Il est resté dans son coin, et quand Bi est revenue, il lui a reproché sa conduite.

— Et depuis?

— Échange de sifflements féminins. Chacune des deux accuse l'autre d'avoir envahi son territoire. En apparence, c'est une querelle de territoire. En réalité, seule Daisy est attachée au bassin, ou plus exactement au *Caribee*. Fa et Bi viennent d'arriver, ils ne se sentent pas encore chez eux. Quant à Jim, étant un dauphin « sauvage », il a de toute façon le sentiment d'être intrus. Le vrai problème, c'est Bi. Le reproche qu'elle fait à Daisy d'avoir envahi son territoire est pure hypocrisie. Elle ne veut pas de Daisy, c'est tout.

— Fine interprétation des conduites féminines, Mrs. Sevilla, dit Sevilla avec un sourire.

Il regarda les deux couples, immobiles, face à face, chacun dans son coin. Les sifflements avaient cessé. Il reprit :

— On pourrait à la rigueur laisser les choses en état, mais à mon avis, ce serait imprudent. Tant que ce n'est qu'une querelle de dames, ça n'ira jamais bien loin. Mais si les deux mâles s'en mêlaient, tout serait à craindre. Ils sont tous deux à peu près de même taille et de même poids, en fait, on pourrait presque les confondre, et l'un des deux pourrait très bien assommer l'autre.

— Que vas-tu faire?

— Leur proposer un compromis.

Il s'avança jusqu'à l'extrémité de la jetée de bois et siffla.

— Fa! Bi! Écoutez!

Il y eut un silence et Fa dit:

— J'écoute.

— Le jour, reprit Sevilla, vous restez dans le bassin, la nuit, vous laissez le bassin aux deux autres.

Il y eut un échange de sifflements à peine audibles entre Fa et Bi, puis Fa s'avança de quelques mètres en direction de Sevilla et dit :

— Et nous, la nuit, où nous allons?

— Je vous montre une grotte pas loin d'ici.

Fa revint vers Bi et, de nouveau, il y eut entre eux un échange de sifflements. Sevilla prêta l'oreille, mais les sons étaient si bas qu'il n'arriva pas à les saisir.

Fa se détacha du couple.

— Fa et Bi acceptent.

Il reprit, comme s'il voulait être sûr de ne pas être trompé sur les conditions :

— Le jour, le bassin à nous. La nuit, à eux.

— Oui.

— Tu nous amènes et tu viens nous chercher?

— Oui.

— Tu nous apportes le poisson?

— Oui.

Fa se retourna et regarda Bi.

— Eh bien, dit Bi. Partons.

Maintenant qu'elle avait accepté la solution proposée, elle paraissait très impatiente de la mettre à exécution.

— Je vais chercher un petit bateau, dit Sevilla, et je vous conduis.

Il remonta la pente cimentée, il marchait à pas rapides, Arlette avait du mal à se maintenir à sa hauteur.

— Tu n'as pas peur de laisser Fa et Bi en pleine mer?

Il secoua la tête.

— Absolument pas. Tu as remarqué la réaction de Fa : *Et nous, la nuit, où nous allons?* Il y avait de l'anxiété dans cette question. Ils n'aiment plus l'homme, mais ils ne savent pas encore s'en passer.

— Oui, dit Arlette. Je crois que tu as raison. J'ai été très frappée par la question de Fa : *Tu nous apportes le poisson?* C'est surprenant. Je veux bien que Fa, né en captivité, n'a jamais eu l'occasion d'apprendre à pêcher, mais Bi?

Sevilla poussa la porte de la remise.

— Peter, dit-il, nous pouvons nous servir du petit pneumatique?

— Longtemps?

— Une bonne heure.

— Une heure, il tiendra le coup. Mais pourriez-vous le remonter ici après usage? Il est assez dégonflé. Je pense qu'une des valves doit perdre. Ou une couture.

— C'est entendu.

Sevilla se tourna vers Arlette.

— Veux-tu m'attendre un instant? J'ai un mot à dire à Maggie.

Il les quitta et gagna son bureau. Maggie était assise, immobile, les deux mains sur ses genoux. La porte grinça en s'ouvrant, elle tourna la tête et regarda Sevilla, ses yeux donnaient une bizarre impression de solitude.

— Maggie, dit Sevilla d'une voix rapide sans pénétrer dans la pièce, je m'excuse, mais je n'ai pas le temps, en ce moment, de vous parler davantage. Je vais néanmoins vous dire la décision que j'ai prise tout à l'heure en vous écoutant : vous partirez demain matin à Denver chez votre tante pour vous reposer quelques jours.

— J'ai beaucoup de travail, dit Maggie.

— Tant pis pour le travail.

— C'est toujours la même chose, ajouta-t-elle d'une voix aigre. Vous ne vous rendez pas compte, mais vous allez être perdu sans moi.

— Tant pis pour moi. Vous avez besoin de repos.

Il ajouta avec fermeté :

— C'est décidé.

Elle baissa les yeux et dit d'un ton soumis :

— O.K. Après tout, vous êtes le patron.

Une seconde s'écoula, elle se redressa, releva les yeux et sans regarder Sevilla, elle dit d'une voix aiguë et criarde :

— En réalité, vous êtes comme l'autruche, vous vous débarrassez de vos problèmes en refusant de les voir, depuis que je vous connais, vous avez toujours agi ainsi, vous me remisez sur une étagère et vous tournez le dos à votre propre bonheur.

La porte claqua, il était parti. Maggie porta les deux mains à ses tempes et les larmes jaillirent de ses yeux.

— Il ne m'écoute pas, dit-elle tout haut avec un sanglot convulsif. Il ne m'a jamais écoutée!

*

Sevilla rentra sa pelle droite, dénagea à coups secs avec sa pelle gauche, le nez du petit pneumatique évita la jetée, le boudin droit accosta et Arlette sauta à terre. Il n'avait pas voulu attirer l'attention du bâtiment de protection avec le petit 5 CV, et c'est à l'aviron qu'il avait conduit Fa et Bi à la grotte : une bonne demi-heure d'effort, aller et retour. Ils sortirent le pneumatique de l'eau, le portèrent à quelques mètres sur la piste de ciment et revinrent s'asseoir sur les planches de la jetée. Le jour tombait, mais l'air était toujours aussi tiède.

— Tu comptes dire à Adams où ils sont?

— Non.

— Pourquoi?

— Je suis bien décidé à lui en dire le moins possible.

— Et Peter?

— Si les choses doivent se gâter, mieux vaut qu'il ne sache rien. Je dis Peter, mais bien entendu, Suzy est incluse. Maggie ne compte pas, je l'expédie demain à Denver. C'est curieux, je me sens presque coupable à son égard. Et pourtant, je n'ai rien à me reprocher. Sauf, ajouta-t-il avec un petit rire, mon extraordinaire patience.

Daisy s'avança avec majesté entre deux eaux, sa tête émergea, et elle fixa sur Sevilla ses yeux affectueux. Jim la suivait à deux mètres. De toute évidence, il s'enhardissait.

— Qu'est-ce que c'est que cette femelle? dit Daisy. Qu'est-ce qu'elle faisait ici?

— Elle est à moi depuis longtemps. Elle est partie, puis elle est revenue. Le mâle aussi.

— Elle est méchante.

Sevilla secoua la tête.

— Elle est jalouse.

Daisy médita cette réponse et dit :

— Mais j'ai un mâle. J'ai Jim.

Et comme Sevilla haussait les épaules sans répondre, elle reprit :

— Elle m'a dit qu'elle parlait la langue des hommes. C'est vrai?

Arlette se mit à rire.

— Quelle snob, cette Bi!

— C'est vrai, Pa? répéta Daisy. C'est vrai ce qu'elle a dit?

— C'est vrai.

— Mais je ne suis pas bête.

— Non, Daisy, tu n'es pas bête.

— Ce soir, je veux apprendre la langue des hommes. Ce soir, Pa.

Sevilla se mit à rire.

— Pour apprendre, il faut demain et demain et demain. Et ce soir, je suis fatigué.

— Tu ne veux pas siffler?

— Non. Je suis fatigué.

— Mais le soir, tu siffles avec moi.

— Ce soir, je suis fatigué.

Il y eut un silence et elle dit :

— Tu vas partir dans ta maison?

— Oui.

— Déjà!

— Oui.

Daisy émergea à moitié de l'eau et posa son énorme tête sur la jetée entre Arlette et Sevilla. Ils se mirent à la caresser. Leurs caresses étaient vigoureuses, mais ils évitaient de toucher son évent.

— Je t'aime, Pa, dit Daisy en fermant les yeux.

— Moi aussi.

— Je t'aime, Ma, dit Daisy avec un soupir.

— Je t'aime aussi, Daisy, dit Arlette.

Depuis quatre mois, chaque soir, Daisy faisait les mêmes déclarations, et chaque soir, depuis quatre mois, Arlette se sentait émue. C'était la même émotion, la gorge un peu serrée, un attendrissement subit, une douceur triste, et elle ne savait pas pourquoi, tout au fond, la peur de la mort. Elle ne savait pas pourquoi, non plus, à ce moment-là, elle avait tellement pitié de Daisy. Daisy n'avait pourtant rien de pathétique. Elle était jeune, vigoureuse, pleine de santé. Arlette souleva les épaules comme si le poids du monde les écrasait. Quelle planète, quels hommes et quelle boue! Dieu sait pourquoi ces bêtes nous aiment tant. Nous n'avons pourtant rien d'aimable. Non, non, se dit-elle aussitôt, je ne devrais pas dire cela. Je fais comme Fa et Bi, je mets toute l'humanité dans le même sac.

Un vrombissement inhumain fracassa l'air, il paraissait provenir de derrière la maison, ils levèrent la tête, et au même moment un hélicoptère surgit, survola le petit port à une cinquantaine de mètres environ, le tac-tac lent et puissant d'une mitrailleuse lourde éclata, Sevilla saisit Arlette à bras-le-corps et la coucha sous lui sur la jetée, mais ce n'était pas sur eux qu'on tirait, il vit distinctement les balles traceuses jaillir de la mer et encadrer l'appareil de longs pointillés de feu, celui-ci reprit de la hauteur, vira et disparut dans le crépuscule.

— Viens, dit Sevilla, nous allons demander quelques explications.

Ils remontèrent la piste en courant, au même moment, Peter surgit et cria, Adams appelle, Sevilla reprit son souffle tandis que Peter, le crayon à la main, décodait. Quand il eut fini, il déchira la feuille de son carnet et la tendit à Sevilla.

B MAINTENANT AU COURANT. DANGER CETTE NUIT. VOUS DEMANDE ACCEPTER PROTECTION DANS L'ILE.

Sevilla prit le crayon des mains de Peter et écrivit : VOUS VOUS ÊTES TRAHI EN TIRANT.

Peter coda, transmit, reçut la réponse, la décoda et la remit à Sevilla.

TIR SEMONCE NÉCESSAIRE. B POUVAIT LACHER GRENADE DANS PORT. RENOUVELLE MA PROPOSITION.

Sevilla écrivit :

NON. ASSURERAI MOI-MÊME PROTECTION.

Peter coda, transmit et se leva.

— J'étais dans la remise. J'ai bien cru qu'on tirait sur vous.

— Moi aussi, dit Suzy.

Sevilla ne répondit pas. Il griffonna sur le dos du dernier message : *Sabotez l'écoute d'Al*, et il tendit le papier à Peter. Celui-ci fit oui de la tête et disparut. Sevilla se tourna vers les deux femmes.

— Personne ne doit téléphoner et personne ne doit allumer de lumière. Où est Maggie?

— Dans sa chambre, dit Suzy.

— Pour l'instant, on va l'y laisser. Nous allons prendre un repas froid sur la terrasse et nous coucherons tous sur le toit. Apportez des couvertures, le béton n'est pas doux

— Je vais profiter de ce qu'il fait encore un peu de jour, dit Suzy. Je vais préparer les sandwichs.

Dès qu'il fut seul avec Arlette, Sevilla la prit par le bras et l'emmena sur la piste de ciment qui menait au port. Arlette dit à mi-voix :

— Est-ce qu'il ne faudrait pas faire garder le port par Peter?

— Il le faudrait, mais je n'ose pas. Ces gens-là sont des spécialistes. Ils sont capables de repérer Peter et de le tuer avant même qu'il ait le temps de les voir.

— Ils le tueraient? dit Arlette d'une voix sourde.

Sevilla la regarda.

— Ils ont bien tué Bob. Pourquoi pas Peter? Pourquoi pas nous? Une vie humaine ne compte pas pour ces gens-là. Ni une, ni deux, ni cent. Ils feront n'importe quoi pour réduire Fa et Bi au silence. Et nous avec. Avant le 13 janvier.

— Avant le 13 janvier? répéta Arlette, les yeux agrandis par l'horreur.

— L'ultimatum expire le 13. La guerre déclarée, la vérité n'aura plus court. Il nous reste donc cinq jours pour faire parler Fa et Bi.

— Tu parles comme si tu savais d'avance ce qu'ils vont dire. Sevilla la regarda.

— Je ne le sais pas. Mais je m'en doute.

Il ajouta :

— Et toi aussi.

— Et moi aussi, dit Arlette avec effort.

Un frisson lui parcourut l'échine, ses cheveux se hérissèrent, la sueur coula le long de son dos et en même temps, elle sentit ses mains se glacer. Elle voulut les frotter l'une contre l'autre, et s'aperçut qu'elles tremblaient. Elle les cacha derrière son dos, se raidit et d'une voix étouffée :

— Est-ce vraiment une bonne idée de s'installer sur le toit?

— Je pense, oui. L'échelle retirée, on ne peut pas nous surprendre. Le rebord du béton nous protège des tirs tendus. Et pour nous, si nous devons tirer, c'est une situation dominante.

— O.K., capitaine Sevilla, dit Arlette avec un sourire.

Mais elle se sentait sans force, les jambes molles, à deux doigts de l'évanouissement. Sevilla la regarda avec attention, entoura ses épaules de son bras et la serra contre lui. Elle se laissa aller, cacha sa tête contre son épaule et dit d'une voix menue :

— Oh, Henry, Henry...

— Viens, dit-il, préparons-nous. Ne nous laissons pas gagner par le trac.

Un peu plus tard, toute l'équipe était assise autour de la table de la terrasse et mangeait, dans le soir tombant, sans dire un mot. Maggie était effondrée. Peter et Suzy n'avaient posé aucune question. Ils se cantonnaient dans un silence qui voulait dire : puisque nous n'avons plus votre confiance et que nous n'avons même plus le droit de voir Fa et Bi, ne nous dites plus rien, ce n'est pas nous qui chercherons à savoir quoi que ce soit. Sevilla pouvait à peine distinguer les taches blanches de leurs visages dans la grisaille du soir. Il les regardait avec tendresse. Suzy, Peter, combien ils comptaient pour lui. Il se sentait coupable envers eux, non de s'être tu, mais de les entraîner dans le danger, eux qui commençaient à peine à vivre. Il pensa, et Michael? Michael en prison. Paradoxalement, le seul de nous tous, peut-être, qui survivra.

— Peter, dit-il à mi-voix. Qu'est-ce qu'ils nous ont donné, comme armes?

— Un fusil mitrailleur, une mitraillette, quatre M 16 et des grenades.

— Qui sait tirer?

Peter, Suzy et Arlette levèrent la main.

— Suzy, sauriez-vous utiliser un fusil?

— J'ai utilisé une carabine à lunette pour tirer sur des cibles.

— Moi aussi, dit Arlette.

— Le principe est le même. Peter? Le fusil mitrailleur ou le fusil?

— Indifféremment.

— Eh bien, disons que l'homme de garde aura le fusil mitrailleur. Le projecteur est en état de marche?

— Oui.

— Il sera utile. Habillez-vous de vêtements sombres. Emportez des couvertures, deux pour chacun, des torches électriques, de quoi boire, les jumelles, des imperméables, et bien entendu aussi, le poste émetteur.

Il y eut un silence.

— Quand nous installons-nous? dit Peter au bout d'un moment.

— A la nuit.

*

Sevilla se sentit secoué, il ouvrit les yeux et ne vit rien, la nuit était noire, la voix de Peter dit à son oreille, il est quatre heures, c'est votre tour, tout va bien, il y eut un silence et la voix basse à peine distincte de Peter reprit, si vous êtes vraiment réveillé, je vais aller dormir, c'est fou ce que c'est difficile de rester les yeux ouverts dans le noir, passez-moi votre fusil, le fusil mitrailleur est en batterie devant le pneumatique, menez-moi jusque-là, dit Sevilla, j'ai peur de mal m'orienter, il tâtonna à ses côtés, saisit son fusil, tendit la main gauche dans la direction où son oreille avait localisé son assistant, et ne trouva que le vide il allongea le bras, balaya l'air, rencontra l'épaule de Peter, descendit jusqu'à sa main et referma les doigts sur les siens, il se sentit tiré en avant et compta six pas avant que son pied droit butât contre le matelas pneumatique, Peter le lâcha, Sevilla sentit le souffle de sa voix contre sa joue, le fusil mitrailleur est appuyé sur le rebord, attention, le cran de sûreté est retiré, le projecteur est sur votre gauche, à un mètre environ, en étendant le bras vous pouvez l'atteindre, Sevilla laissa aller la main de Peter, il oscilla légèrement sur ses pieds, Peter continuait à voix basse ses explications, il n'y avait plus que le murmure ténu de sa voix qui rattachait Sevilla au monde, il éprouvait un bizarre sentiment d'irréalité, il lui semblait que ce n'était pas lui, mais quelqu'un d'autre qui était en train de vivre ce moment, dans quelques minutes, dit Peter, vous aurez l'impression de voir se silhouetter le *Caribee* en gris foncé sur le noir, mais c'est une pure illusion, je m'en suis aperçu assez vite, vous êtes sûr que vous êtes bien réveillé? Sevilla s'allongea à plat ventre sur le matelas pneumatique, allez dormir, Pete, ça va très bien, il entendit le pas de Peter qui s'éloignait, puis un froissement léger de couvertures et ce fut tout, le silence se referma sur lui et tout d'un coup l'obscurité parut plus noire, pas un souffle de vent, la mer était si calme qu'on n'entendait même pas la vague d'arrivée battre la jetée du port, il faisait doux, un 8 janvier, il était là, étendu, sans mouvement, la nuit, avec un pantalon de flanelle et un pull-over, à peine un peu d'humidité dans l'air, une tiédeur un peu moite, mais le ciment du toit restituait encore sa chaleur diurne, l'air sentait l'iode, le sel et l'odeur sèche, inhumaine et morte des rochers, la veille, il avait vécu une des nuits ordinaires de sa vie, s'il vivait jusqu'à quatre-vingts ans, il lui restait à vivre, voyons, neuf mille vingt-cinq jours et un nombre égal de nuits, assez peu, en somme, même dans l'hypothèse la plus optimiste, mais on n'en était plus là, tout s'était joué quand il avait compris, la veille, quel risque inouï Goldstein avait accepté en servant d'intermédiaire, à cette seconde il avait décidé de dire oui, et le soir même, après le survol de l'hélicoptère de B, il était passé sans transition d'une journée quotidienne de sa vie à une nuit qui serait peut-être la dernière, eh bien, après tout, ça ne me fait pas tellement d'effet. L'important, ce n'est pas de vivre à tout prix, c'est de savoir pourquoi on meurt, si je suis tué cette nuit, est-ce que j'ai réussi ou raté ma vie, qui le dira, quel est le témoin? quel est le critère? la gloire? mais la gloire récompense des chanteurs de charme sans charme, des acteurs sans talent, des politiciens sans génie, des savants charlatanesques, bien sûr, je puis dire que, moi, du moins, j'ai accompli une œuvre, je suis l'homme qui a fait parler les bêtes, mais je suppose que Prométhée, lui aussi, se réjouissait d'avoir donné le feu aux hommes avant de savoir ce qu'ils allaient en faire, l'homme-bête, dans *La Tempête*, dit à Prospero : « *Tu m'as appris à parler et tout le profit que j'en ai, c'est que je sais blasphémer* », je me souviens quel effet ça m'a fait quand j'ai lu cette phrase, elle a jailli du texte avec une force terrifiante, toute la destinée humaine était là, l'homme corrompant tout, salissant tout, tournant le meilleur en pire, le miel en fiel, le pain en cendres, et moi aussi, je puis dire, *Seigneur, j'ai appris aux bêtes à parler, et tout le profit qu'en a tiré l'humanité, c'est une arme nouvelle pour sa destruction,* Sevilla avait la main droite appuyée sur la crosse de son arme, le canon reposant sur le rebord du toit, mais s'il entendait un bruit inquiétant, il viserait quoi? il tirerait sur quoi? il pouvait, évidemment, allumer le projecteur, mais alors il se révélait, il devenait cible, c'était d'une absurdité à crier, sans lumière il ne servait à rien, en allumant il était tué, la nuit était d'une opacité véritablement effrayante, sans reflet, sans zone claire, sans camaïeu dc noir de jais mêlé à du gris anthracite se dégradant en gris foncé, ainsi tel est le monde quand dorment cent quatre-vingts millions d'Américains, noir, nul, informe, bonne préfiguration déjà d'un univers atomisé, vidé de sa vie humaine turbulente, c'était une pensée à peine imaginable, la planète Terre sans humanité, sans même un homme pour se rappeler les choses magnifiques que les hommes avaient faites, ou les religions auxquelles ils avaient cru, ou les massacres qu'ils avaient commis, et celui qui se préparait, sans histoire, puisqu'il n'y aurait plus d'historien, pour un chrétien quelle idée affreuse, Dieu créant l'homme et l'homme s'autodétruisant, privant Dieu de sa créature, pour l'incroyant, un gaspillage irrémédiable des espoirs terrestres de l'homme, la mort individuelle, au fond, ce n'est rien, en tout cas c'est une chose qu'on peut accepter, comme le Viet pour défendre sa terre et sa dignité, ou même comme le Marine, sans idéologie, comme un risque professionnel (montrant par là quelle pauvre opinion il a de sa propre vie), mais la destruction totale de l'espèce, sans rien laisser derrière soi, ni œuvre, ni descendants, c'est une idée insupportable, une négation qu'aucun homme n'est capable de penser, c'est bien là le danger d'ailleurs, personne n'y croit, même ceux qui nous poussent dans la guerre, ils sont incapables d'imaginer leur propre fin, la mort, pour eux, c'est toujours celle des autres, Sevilla plaça sa main gauche derrière le rebord et de la main droite alluma en éclair sa torche électrique, le cadran de sa montre apparut dans une clarté aveuglante, douloureuse, il cligna des yeux, cinq heures, ils ne viendront plus,

il dut s'assoupir quelques secondes, peut-être quelques minutes, il sursauta, il venait d'entendre un son qui ressemblait au léger clapot produit par une vaguelette heurtant un obstacle, peut-être un souffle de vent, peut-être tout simplement Daisy ou Jim dans le port, toujours assez agité, le sommeil des dauphins, ils n'arrêtent pas de nager, même endormis ou à demi endormis, ils bougent aussi sans arrêt dans le plan vertical puisqu'ils remontent respirer à la surface à intervalles réguliers, Sevilla tendit l'oreille, mais c'était presque impossible, sans le secours de la vue, de localiser un bruit, il entendait les dormeurs respirer à côté de lui sur le toit, il se rendit compte qu'il avait entendu leur souffle dès le début, mais qu'il l'avait rejeté d'emblée comme un son sans intérêt pour lui et dont il devait faire abstraction, et maintenant qu'il écoutait en tendant l'ouïe au maximum, la cacophonie confuse et mal rythmée des respirations faisait irruption dans son oreille sans être appelée, aussi forte et irritante que les parasites qui brouillent une écoute de radio, de nouveau il y eut, à peine distinct, un léger clapot, mais venait-il du port, ou d'un point quelconque de l'île où tout autour de lui la mer pouvait battre, profitant du moindre trou de rocher et du plus léger mouvement de l'eau pour produire une infinie détonation, Sevilla étendit la main sur sa gauche, rencontra le projecteur, et tâtonna jusqu'à ce qu'il sentît le commutateur sous ses doigts, mais non, s'ils ne se trouvent pas sur le port, mais dans mon dos, derrière la maison, un seul coup de projecteur et ils me localisent, ils me voient sans que je les voie, et il suffit alors d'une grenade bien lancée, Sevilla sentit la tension grandir en lui, ses nerfs vibraient, la sueur ruisselait dans les paumes de ses mains, mais en même temps il se sentait calme, lucide, il garda l'index de la main gauche sur le commutateur, il écoutait, il n'était plus gêné par la respiration des dormeurs, mais par un bruit plus proche, plus fort et plus rythmé, le battement de son cœur, dont les coups sourds ébranlaient ses côtes, et se répercutaient jusque dans ses tempes, il n'y eut pas de transition, la nuit, en quelques secondes, s'allégea, devint moins noire, et cette fois, sans illusion possible, il discerna la silhouette du *Caribee* détachant son mât gris foncé sur les ténèbres, il entendit, l'un après l'autre, distinctement, deux clapots assez forts, d'où venaient-ils? derrière lui? sur la jetée? derrière le *Caribee*? son doigt pesa sur le commutateur, il ne se décidait pas à allumer,

il y eut, coup sur coup, illuminant le port, deux gerbes de flammes gigantesques, éblouissantes, accompagnées par deux explosions d'une telle violence que Sevilla sentit la maison trembler sous lui, il sentit un choc assez vif sur sa main gauche et ce fut tout, il alluma le projecteur, le *Caribee* avait disparu, il entendit des voix derrière lui, et cria, sans se retourner, ne vous relevez pas! rampez jusqu'au rebord! il commença à tirer de longues rafales, juste au-dessus du bord de la jetée, sur quoi tirez-vous? hurla Peter à son oreille, sans relâcher la détente, il cria, dans le chenal! ils ne peuvent repartir que par là! sur sa droite, entre deux rafales, il entendait les coups de départ secs, claquants et précipités des M 16, le jour se levait avec une rapidité surprenante, Sevilla devina Arlette à sa droite, Maggie sur sa gauche, Maggie, tenez-vous prête à éteindre le projecteur, en même temps, le tac-tac d'une mitrailleuse lourde éclata, les premières balles traceuses atterrirent assez loin à l'entrée de l'étroit chenal et commencèrent à le remonter en zigzag jusqu'à l'entrée, Adams entrait en action, nous ne le gênons pas, avec nos projecteurs? cria Peter, Sevilla relâcha la pression de son doigt, non, je ne crois pas, mais appelez-le, il fit signe à Suzy et elle cessa de tirer, de toute façon, c'était inutile, la mitrailleuse lourde hachait minutieusement le chenal, les pointillés de feu dessinaient des diagonales méthodiques d'avant en arrière et d'arrière en avant, mais était-ce vraiment efficace? à partir de quelle profondeur les balles perdaient-elles leur force d'impact? il sentit une douleur à sa main gauche, elle saignait, elle était gonflée et douloureuse, tu es blessé? demanda Arlette d'une voix anxieuse, mais non, dit-il en regardant autour de lui, il allongea le bras et saisit à terre un morceau déchiqueté, ce n'est rien, dit-il avec ironie, un fragment de ce pauvre *Caribee*, Peter cria derrière lui, Adams me dit d'éteindre et d'aller voir, qu'est-ce que je fais? allez-y, allez-y, dit Sevilla avec lassitude, de toute façon le danger avait disparu, voir? qu'y avait-il à voir? personne ne parla jusqu'à ce que Peter revînt, comme la brume se levait en même temps que le jour, la nuit avait l'air de se dissiper en lambeaux sombres et cotonneux, au bout d'un moment la haute silhouette de Peter réapparut sur la piste en ciment, il marchait avec lenteur, quand il atteignit la terrasse, il leva la tête et regarda d'en bas Sevilla, dans la grisaille de l'aube, son visage paraissait pâle et défait, il dit d'une voix entrecoupée :

— Fa et Bi... Tous les deux.

— Eh bien?

— Déchiquetés.

Arlette se redressa.

— Mais ce n'est pas ...

Sevilla lui serra le poignet avec force et elle se tut.

— Transmettez à Adams, dit Sevilla.

XIV

Adams était debout sur la jetée, les deux mains dans ses poches, la tête penchée en avant, il n'avait pas pris le temps de se raser, et son menton et ses joues paraissaient sales. Sous l'eau et sur l'eau, ce qui avait été le *Caribee* n'était plus qu'un amas de fragments. L'explosion avait été capricieuse : elle avait volatilisé le mât, mais le bloc-cuisine en aluminium reposait par trois mètres de fond, aussi intact, aussi brillant que s'il venait à peine d'être monté, deux plongeurs munis de gants étaient occupés à recueillir sur le fond et à déposer dans un taud étalé sur la jetée ce qui restait des dauphins. Bien que le soleil fût à peine levé, et l'air encore vif, l'odeur fade et douceâtre qui émanait de ces débris était à peine supportable. Les hommes qui les pêchaient essayaient de reconstituer côte à côte les deux corps, comme s'il se fût agi d'un puzzle. Quand ils commettaient des erreurs, Peter, qui s'était, lui aussi, muni de gants, se baissait pour les corriger. Sa chemisette blanche et le masque de gaze qu'il portait sur la bouche lui donnaient l'air d'un chirurgien.

— Je ne vois que deux corps, dit Adams au bout d'un moment. Où est Daisy?

Sevilla cligna des yeux.

— Hier soir, dès qu'elle est rentrée dans le port, Bi l'a mordue et battue.

— Et elle s'est sauvée? A quelque chose malheur est bon. D'un autre côté, elle a dû être terrorisée par l'explosion et vous ne la reverrez pas de sitôt.

Sevilla hocha la tête sans répondre. Il reprit au bout d'un moment :

— Je suppose que ce sont des hommes-grenouilles qui ont opéré.

— Venez, dit Adams. Ne restons pas là.

Ils firent quelques pas dans la direction de la maison, Adams s'arrêta et dit :

— Peter, Suzy et Maggie, que disent-ils de cela?

— Ils n'y comprennent rien et jusqu'ici ils ne posent pas de questions. Maggie part ce matin pour Denver.

— C'est parfait. Il vaut mieux les tenir totalement hors du coup.

Il reprit :

— Quant aux assaillants, nous avons retrouvé leurs corps. Ils étaient deux.

Sevilla tressaillit.

— Vous avez retrouvé leurs corps! J'espère que ce n'est pas nous...

Adams eut un mince sourire qui fit paraître plus maigre et plus dur son visage mal rasé.

— Rassurez-vous. C'est notre calibre. Ce ne sont pas vos confettis.

Il ajouta d'une voix basse :

— Quand j'y pense, quel courage inouï! Ils savaient

que nous gardions le chenal. Leur coup fait, ils avaient très peu de chances de s'en tirer.

Il reprit :

— Bilan du premier combat : deux dauphins, deux hommes.

— C'est abominable, dit Sevilla en serrant les dents.

— C'est absurde. Et le plus absurde, c'est que B est tout aussi convaincu que nous de bien servir les États-Unis. Pour lui, nous sommes des traîtres. Et pour nous, c'est un aliéné : nous pensons qu'il sous-estime de façon insensée les coups que les Chinois pourraient nous porter.

Sevilla le regarda.

— Même si le témoignage de Fa et Bi vous fait défaut, vous pourriez faire part au Président de vos soupçons quant au rôle qu'on leur a fait jouer.

— Nous l'avons fait.

— Et de l'attentat contre Fa et Bi, puisqu'il corrobore vos soupçons.

— Nous le ferons. Mais ça ne lui sera pas très utile. Politiquement, un soupçon n'est pas une arme. Le Président subit en ce moment des pressions terrifiantes. Et il n'a *rien* pour leur résister. Pas même une opinion publique. Vous avez eu connaissance du dernier gallup?

— Non.

— On en a fait état, hier soir, à la T. V. Cinquante-huit pour cent des Américains acceptent l'idée d'une guerre avec la Chine.

— C'est effarant.

Adams eut de nouveau son sourire mince.

— Les candidats cadavres ne manquent pas.

— Je voudrais vous poser une question, dit Sevilla

en le regardant avec attention de ses yeux sombres. Est-ce que votre opinion sur ce qui se prépare est partagée par tous les gens de votre service?

Adams hésita perceptiblement.

— Loin de là. Il y a chez nous deux tendances, même à l'échelon le plus élevé. Et l'une de ces deux tendances sympathise avec le point de vue de B.

— Il n'est donc pas exclu que B ait été constamment renseigné sur Fa et Bi par des personnes de votre entourage?

— Ce n'est malheureusement pas exclu, dit Adams en baissant les yeux.

Il les releva au bout d'un moment, jeta un coup d'œil au petit port et aux plongeurs qui remontaient l'un après l'autre sur le quai, leur besogne faite.

— Eh bien, dit-il. De toute façon, maintenant, tout est fini.

Sevilla le regarda. Adams avait l'air las, amer, et en même temps, bizarrement soulagé. La paix mondiale était perdue, mais lui, du moins, il pourrait faire sa petite paix personnelle avec B. Deux dauphins, deux hommes, ça ne comptait pas : petite casse d'un petit différend entre services. B gagnait, et maintenant que B gagnait, Adams allait pouvoir se rallier à l'opinion majoritaire. Derrière ses chefs. En toute bonne conscience.

— Dois-je appeler la police? dit Sevilla au bout d'un moment.

— Gardez-vous-en bien, dit Adams avec vivacité. La disparition de Fa et Bi doit rester secrète.

Il ajouta :

— D'ailleurs, je l'ai déjà contactée et lui ai expliqué la fusillade : nous avons surpris un commando de saboteurs castristes qui cherchait à s'infiltrer dans les Florida Keys et nous l'avons anéanti.

Et comme Sevilla se taisait, il reprit :

— Évidemment, ça vous empêche de faire couvrir la perte du *Caribee* par votre assurance. Mais je suppose que notre service pourra vous indemniser.

Sevilla le regarda avec hauteur.

— Je ne demande rien.

— Toujours donquichottesque, Sevilla.

Et comme Sevilla ne répondait pas, il reprit :

— Je vais faire prendre quelques photos des dauphins morts et vous quitter. Désirez-vous garder les armes?

— Comme vous voulez.

— Eh bien gardez-les, pour le moment du moins, bien qu'à mon sens vous ne courriez plus aucun danger.

— Vous allez retirer votre dispositif de sécurité autour de l'île?

— Sûrement. A mon avis, il ne sert plus à rien.

Il ajouta au bout d'un moment :

— En fait d'armement, si j'avais votre île et votre fortune, vous savez ce que je ferais? Je me ferais construire un abri antiatomique, ici même, au milieu des rochers. Quoi qu'il arrive, vous auriez les plus grandes chances de survie.

Sevilla le regarda : comme cette façon de penser était cynique! Et comme elle paraissait naturelle à Adams! Cent, cent cinquante, deux cents millions d'Américains crèvent dans des conditions atroces, et moi, je survis. Parce que j'ai de l'argent. J'ai donc le droit de faire ce que je veux avec mon argent, et par exemple, de le consacrer à sauver ma propre peau au milieu de la saignée générale. Qui plus est, l'Amérique entière m'approuve : au nom des droits de l'individu et de la liberté d'entreprise.

— Je vous débarrasse des corps ? dit Adams d'une voix indifférente.

Sevilla cilla.

— Non,

— Que comptez-vous en faire ? Les immerger ?

— Non.

— Pourquoi ?

— Les requins. Je n'aimerais pas qu'ils soient dévorés par les requins.

Il ajouta :

— Je les arroserai d'essence et je les brûlerai.

— Comme les moines bouddhistes, dit Adams avec un petit rire.

Sevilla détourna la tête.

— Je vous demande pardon, dit Adams. J'avais oublié combien vous étiez attaché à ces bêtes.

*

Avec ce qui restait de bûches dans la salle de séjour (il fallait tout apporter du continent, même le bois), Peter construisit un bûcher sous le vent de la maison, tout à fait à l'autre bout de l'îlot, là où personne n'allait jamais, car il n'y avait rien que des rocs coupants et des écueils où l'eau, par gros temps, tourbillonnait sans arrêt, accrochant dans les creux des monceaux d'écume blanc sale pareils à des amas de coton brut, il fallut faire plusieurs voyages avec une brouette métallique pour apporter les débris des deux corps et les déposer, en les maniant à la pelle, sur le bois où Sevilla, pâle, les lèvres serrées, vida deux jerrycans d'essence, avant de mettre le feu, tendant à bout de bras vers la base du bûcher une longue branchette de sapin allumée, et la lâchant aussitôt, la flamme explosa avec une force terrifiante, s'éleva à la hauteur d'un étage, il y eut un grésillement d'huile d'une intensité inouïe, des projections de gouttes de graisse brûlante à plusieurs mètres, Peter et Sevilla se reculèrent, un flot de fumée noire en épaisses volutes, diaprées de bleu huileux, s'échappa du foyer, et bien qu'ils fussent au vent de la fumée, leurs bouches et leurs nez s'emplirent de l'odeur écœurante de chair et de graisse brûlées, Sevilla vit Peter ouvrir la bouche en le regardant, mais il n'entendit aucun son, le crépitement des flammes et le grésillement de friture couvraient sa voix, Sevilla ferma les yeux, le temps fit un bon en arrière, le capitaine H. C. Sevilla, U. S. Army, interprète détaché au procès de Nuremberg, écoutait les dépositions du témoin avec horreur, le S. S.-Sturmbannführer de Culmhof avait découvert, en tâtonnant, la disposition optima des fagots et les dimensions idéales des fosses, cinquante mètres de long, six mètres de large, trois mètres de profondeur, au fond de la fosse, il faisait creuser des rigoles pour amener la graisse animale à une cuve, le rendement était colossal, huit mille cadavres en vingt-quatre heures, bien supérieur, par conséquent, malgré la simplicité rustique du dispositif, à celui du crématoire géant de la maison mère, la grande usine moderne de mort du combiné Birkenau-Auschwitz, où pourtant, aux moments de pointe, quand il fallait réduire en fumée en un minimum de temps quatre cent mille juifs hongrois, concurremment à la chaîne industrielle strictement chronométrée (pas un temps mort depuis le moment où deux mille juifs pénétraient dans la chambre à gaz, jusqu'au moment où, quarante-six minutes plus tard, ils s'évanouissaient en fumée en laissant à l'usine des sous-produits récupérés méthodiquement le long de la chaîne : vêtements, bagues, dents en or, cheveux, graisse destinée à la fabrication du savon) on utilisait aussi, mais seulement *en cas d'extrême urgence*, une demi-douzaine de fosses copiées sur Culmhof, mais à contrecœur, avec mauvaise conscience, à cause du gaspillage artisanal des sous-produits, le S. S.-Obersturmbannführer Rudolf Hoess, commandant du camp d'Auschwitz, regarda le Président du tribunal de ses yeux vides et dit d'une voix terne : le 30 juin 1941, le Führer a ordonné la solution définitive du problème juif, personnellement, monsieur le Président, *je n'ai gazé qu'un million et demi de juifs*, mais en comptant les petits camps d'extermination annexes, Culmhof, Wolzek et Treblinka, on arrive à un total de six millions de non-combattants, femmes et enfants compris, arrêtés, torturés, dépouillés, affamés, gazés, réduits en cendres de 1941 à 1945, les transports de juifs à destination d'Auschwitz étaient prioritaires d'un bout à l'autre du troisième Reich, ils passaient avant même les transports de munitions et de vivres pour les troupes du front de l'Est, Hitler avait accordé la priorité absolue au plus grand génocide de l'Histoire, le cœur de Sevilla se serra et un flot de honte l'envahit, mais nous allons faire mieux, beaucoup mieux, une bombe H explosant à trente-cinq kilomètres d'altitude dégage une chaleur si intense que tout est calciné dans un rayon de cent à cent quarante kilomètres, quatre bombes H explosant simultanément à la même altitude anéantissent toute espèce de vie dans une surface de cent cinquante mille kilomètres carrés, le nuage radioactif d'une seule bombe au cobalt peut transformer en désert une région trois fois grande comme la Grande-Bretagne, d'après nos calculs, gentlemen, il ne faudrait que trente mille mégatonnes pour anéantir sept cents millions de Chinois,

venez, dit Sevilla en posant la main sur le bras de Peter, ne restons pas là, Peter plaça la pelle sur la brouette, lui tourna le dos comme s'il s'attelait dans des brancards et commença à la tirer derrière lui sur le sol rocailleux, il s'arrêta avant d'atteindre la maison, se redressa et regarda Sevilla, puis-je vous poser quelques questions? Sevilla lui fit face et le regarda avec gravité, si ce sont celles que je devine, ne les posez pas, je ne serais pas en mesure d'y répondre, vous pensez bien que ce n'est pas manque de confiance en vous, c'est pour vous protéger, vous et Suzy, croyez-moi, mieux vaut que vous ne sachiez rien, mais vous-même, dit Peter, est-ce que vous courez un danger? Sevilla fit la moue, -Adams pense que non, que c'est fini, qu'ils se contenteront des dauphins, mais moi j'incline à croire qu'il se trompe, Peter carra les épaules, eh bien, dans ce cas, pourquoi ne partagerais-je pas vos dangers? Sevilla leva la main, sans les partager, vous pourriez m'aider à leur échapper, comment? dit Peter avec ardeur, eh bien en faisant ce que je vous demande sans poser de questions, ah, vous me possédez! dit Peter, et qu'est-ce que j'ai fait jusqu'ici, sinon faire tout ce que vous me demandiez sans poser de questions? Sevilla lui mit la main sur l'épaule et lui sourit, précisément, continuez, écoutez, Pete, le temps presse, voulez-vous m'aider? voici ce que vous allez faire, il laissa retomber sa main, premier point, vous allez prendre le pneumatique, emmener Maggie sur le continent et la mettre dans un avion, Suzy vous accompagnera, deuxième point, vous devrez observer si vous n'êtes pas suivis sur le continent, ouvrez l'œil, ces gens-là sont des spécialistes, la filature à relais n'a plus de secret pour eux, troisième point, je vous donnerai un chèque à votre nom que vous irez encaisser à votre banque, Peter haussa les sourcils, pourquoi un chèque à mon nom, pourquoi pas un chèque au vôtre avec une procuration signée de vous comme d'habitude, parce que votre compte, Pete, n'est sûrement pas surveillé, parce que je crains que le mien le soit, parce que je ne fais pas confiance à la discrétion des banques et parce que le chèque est un gros chèque, êtes-vous satisfait?

*

Dès que Sevilla quitta le chenal pour gagner la grotte, il retira les pelles, posa l'une d'elles dans une encoche du plateau arrière et se mit à godiller, Arlette, à l'avant du petit pneumatique, se tenait prête, avec le deuxième aviron, à écarter la proue des deux parois rocheuses entre lesquelles le canot glissait, se bloquant d'une façon irritante si peu qu'il se mit en travers, Sevilla parcourut ainsi une vingtaine de mètres, puis il cria d'une voix forte, dénage! et Arlette dénagea avec vigueur à l'avant, il pesa à coups rapides sur la pelle et fit pivoter l'embarcation presque en épingle à cheveux, elle s'enfonça à contrecourant dans une anfractuosité voûtée, sombre, en apparence sans issue, un mur humide, couvert de coquillages et de moisissures se dressa devant elle, coupant la route au bout d'une dizaine de mètres, mais avant de l'atteindre, Sevilla pivota à nouveau en épingle à cheveux, cette fois sur sa gauche, et s'engagea dans un boyau étroit et si bas de plafond qu'il dut s'accroupir, à ce stade il n'était plus possible de godiller, Arlette à l'avant alluma une puissante torche électrique, Sevilla écarta les bras et pesant des deux mains avec toute sa force sur les parois latérales, il faisait avancer le canot dans un clapotis de vaguelettes, les boudins du pneumatique frottant de temps à autre contre les aspérités des parois avec un bruit inquiétant, Sevilla ralentit sa progression, il avait toujours l'impression que le pneumatique allait rester coincé entre deux avancées de roc, Arlette l'entendit souffler dans la pénombre, c'était le moment le plus pénible et le plus impressionnant, puis Sevilla dit à mi-voix ça y est, et le pneumatique déboucha dans la grotte en pivotant sur lui-même aussi brusquement que s'il avait été expulsé par le boyau, c'était une salle ronde, basse, spacieuse, voûtée avec autant de régularité que la cave d'un château fort, le plafond en plein cintre parfait, à part quelques fissures par où filtrait une lumière glauque, du chenal, la grotte n'était séparée que par l'épaisseur d'un de ses murs, et il fallait pourtant plus de trente minutes pour l'atteindre à travers le dédale des boyaux, Sevilla remit en place la godille tandis qu'Arlette promenait sa lampe avec lenteur à la surface de l'eau, ni Fa ni Bi n'étaient visibles, tout était nuit et silence, et à part les petites rides concentriques que l'entrée du pneumatique continuait à propager jusqu'aux côtés, l'eau était calme, noire, moirée, Fa! Bi! appela Sevilla d'une voix angoissée, sa voix se prolongea et se réverbéra en écho sous la voûte, puis le silence se referma, troublé seulement par les gouttes d'eau de l'aviron de godille qui retombaient à la surface,

ce n'est pas possible qu'ils soient partis, reprit Sevilla, je ne peux pas le croire, même s'ils ont eu peur, Arlette se tourna vers lui, comme elle continuait à braquer sa lampe sur l'eau, le bras tendu sur le côté, Sevilla la voyait en silhouette menue, sombre, à deux mètres de lui, et sur sa gauche, en ombre gigantesque portée sur la paroi, tu ne penses pas qu'ils aient pu être tués par les hommes-grenouilles? non, non, dit Sevilla, comment les hommes-grenouilles auraient-ils trouvé la grotte, elle n'est pas connue, elle est très difficile d'accès le jour, et par nuit noire, elle est inaccessible, mais Fa et Bi ont pu s'aventurer jusqu'au chenal au cours de la nuit, dit Arlette, Sevilla secoua la tête, c'est peu probable, il reprit au bout de quelques secondes, même alors, grâce à leur sonar, ils auraient repéré les hommes-grenouilles de très loin, malgré l'obscurité, tandis que ceux-ci n'auraient eu aucun moyen de savoir qu'ils étaient là, d'ailleurs, ces hommes-grenouilles n'étaient que des exécutants, ils avaient sûrement reçu un objectif précis et limité : détruire tout ce qu'il y avait dans le port, le reste ne les intéressait pas, eh bien, dit Arlette, Fa et Bi ont eu peur, l'explosion les a terrorisés et ils sont partis, il y eut un long silence, il faisait très frais dans la grotte, et l'humidité tombait sur les épaules et dans le dos de Sevilla, il dit d'une voix étouffée, j'espère que non, bon Dieu, je ne m'en consolerais pas, il ne dit rien pendant un long moment, il y avait dans le silence de la grotte quelque chose de funèbre, Sevilla était replié sur lui-même, la tête sur la poitrine, chose curieuse à cet instant précis, il pensait moins au sort du monde qu'au sort des deux dauphins, tu te souviens, dit-il à mi-voix, quand on se relayait la nuit sur les radeaux en polyester pour que Fa ne se sente pas seul, oui, dit Arlette, on laissait pendre la main dans l'eau, et au bout d'un moment, il la mordillait, et au petit matin, il posait sa grosse tête sur le radeau, la tête un peu de côté, et il nous regardait, quels gentils yeux il avait, si ronds, si vifs, Sevilla écoutait la voix d'Arlette, il pensait, et maintenant il faut partir, c'est fini, ça ne sert à rien de rester davantage dans ce trou, mais la main sur l'aviron de godille, la proue du pneumatique orientée vers le boyau, il ne se décidait pas à partir, il avait la poitrine oppressée et le sentiment paralysant d'avoir subi un appauvrissement fantastique, comme si une grande partie de sa vie avait disparu d'un seul coup, un souci quotidien pendant des années, une anxiété folle dès que Fa et Bi refusaient de manger, des heures et des heures d'études, un effort constant d'attention, d'observation et d'identification, même dans le jeu, même dans les moments d'abandon, allons, dit-il à voix haute, ça n'a pas de sens de rester ici, j'ai l'impression d'être enterré vivant, le grand jour nous fera du bien, Arlette braqua sa torche sur l'entrée du boyau, mais Sevilla ne bougeait pas, la main droite inerte reposant derrière lui sur l'aviron sans le serrer, la tête penchée en sens inverse sur l'épaule et dirigée vers la proue pour contrôler sa direction, du temps passa, il pensa avec dérision, comme c'est bizarre, j'étais si sûr, ce matin, d'arriver à les faire parler que j'ai même apporté mon magnétophone, la seule chose que je n'avais pas imaginée, c'est leur fuite, et maintenant tout est fini, y compris l'espoir d'arrêter la guerre, c'est d'une absurdité atroce, le sort du monde a dépendu de ce qui s'est passé dans le cerveau de deux cétacés, de l'idée qu'ils se sont faite de l'événement, quand l'explosion a eu lieu, de la conclusion qu'ils en ont tirée, et maintenant, comble de dérision, B va essayer de nous avoir parce qu'il craint qu'ils n'aient eu le temps de nous parler, allons, dit-il pour la troisième fois, et sa main se referma sur le manche de l'aviron,

devant la proue du canot, éclairé en plein par la torche d'Arlette, son ombre immense profilée aussitôt jusqu'au plus haut de la coupole, une forme bondit hors de l'eau, hilare, craquante, grinçante, sifflante, suivie d'une autre forme plus petite, Fa! Bi! cria Sevilla hors de lui, alors les grands sauts commencèrent, les éclaboussements, les grincements stridents qui ressemblaient à des rires, des danses en recul, les trois quarts du corps émergés et la caudale battant l'eau dans le plan vertical, Henry! cria Arlette au comble de la joie, cette fois-ci il n'y avait pas à s'y tromper, c'était l'accueil délirant d'autrefois, l'affection sans réserve, la joie inépuisable, l'amour impuissant à s'exprimer tout à fait.

— Fa! Bi! cria Sevilla. Où étiez-vous?

— Mais là! cria Fa d'une voix suraiguë. Nous

sommes là tout le temps. Nous écoutons.

Arlette se pencha, posa la main sur le bras de Sevilla et dit dans un souffle :

— Chéri ! il parle anglais !

C'était vrai, il parlait anglais, il n'avait rien oublié !

— Où, là ?

— Là, dit Bi. On ne bouge pas. L'évent dans l'air, le corps dans l'eau.

— Mais pourquoi, pourquoi ? dit Sevilla.

Fa posa la tête sur le boudin du pneumatique.

— On se dit : peut-être ils viennent pour nous tuer. Peut-être ils sont amis. Peut-être pas.

C'était donc ça ! La méfiance, le doute, les profonds dégâts du mensonge humain chez des êtres à l'état d'innocence.

— Mais nous vous aimons ! dit Sevilla.

— Je sais, dit Bi. J'entends. J'entends quand tu parles de Fa.

« J'entends » pour « j'ai entendu » ; « quand tu parles » pour « quand tu parlais ». Leur anglais s'était quand même détérioré depuis six mois. Comme chez les peuples vaincus dont la langue n'est plus enseignée dans les écoles, les mots avaient tenu bon, mais la syntaxe s'était appauvrie. Il y avait maintenant quelque chose d'enfantin dans la construction des phrases et la prononciation était plus delphinique que jamais.

Elle fit dans l'air un bond prodigieux et retomba assez près du canot pour éclabousser Sevilla.

— Arrête, Bi ! cria Arlette. Il fait trop froid ici pour jouer.

— J'entends, dit Bi en riant. Ma parle de Fa, mais pas de Bi.

— Je t'aime, Bi, dit Arlette.

— Ma oublie Bi, dit Bi, et la torche d'Arlette alluma une lueur malicieuse dans son œil.

Fa ne disait plus rien. La tête posée sur le boudin du pneumatique, il se laissait caresser par Arlette, les yeux fermés.

— Bi, dit Sevilla, explique-moi. Tu n'as pas oublié la langue des hommes.

— Quand personne n'écoute, Fa et moi, nous parlons. Nous ne voulons pas oublier.

— Pourquoi? Puisque vous ne vouliez plus parler aux hommes.

— Pour garder. Et aussi, reprit-elle au bout d'un moment, pour apprendre aux petits.

Sevilla prit doucement le magnétophone à piles dans la poche de son blouson, mit le contact et dégagea le micro. Curieuse logique. L'homme est méchant, mais sa langue reste bonne, à condition de ne pas l'utiliser pour communiquer avec lui : acquisition valable en soi, chose à garder et même à transmettre, voire même avantage social, dont Bi s'était d'ailleurs vantée la veille auprès de Daisy.

— Bi, dit Sevilla, tu aimes Pa et Ma?

— Oui.

— Et les autres hommes?

— Non. Les autres hommes ne sont pas bons.

Sevilla approcha du boudin du pneumatique la main qui tenait le micro.

— Pourquoi? Qu'est-ce qu'ils ont fait? dit-il en se penchant vers Bi.

— Ils mentent. Ils tuent.

Excellent résumé, pensa Sevilla. Toute l'histoire de l'homme en quatre mots. Des origines jusqu'en

1973. Jusqu'au jour où l'humanité, se prenant elle-même à la gorge comme un clown, s'étrangle par inadvertance.

— Ils mentent comment? dit Sevilla.

Fa tourna la tête et regarda.

— Au début, avec Ba, c'était amusant. Mais après l'avion, ils mentent, ils tuent. Même nous, ils essayent de tuer.

— Explique, Bi, dit Sevilla.

— Non, moi! dit Fa avec vivacité. Au début, avec Ba, avant l'avion, ils nous mettent un harnais. Bon. Sur le harnais, une mine. Ils montrent un vieux bateau vide loin, très loin. On nage, on nage. Près du bateau, on plonge, on vient tout près, on tourne sur le côté, la mine va sur le bateau...

— Attends, Fa, pas si vite. Au contact du bateau, la mine se détache du harnais, et se colle sur le bateau?

— Oui.

— Se colle comment?

— Comme un coquillage sur un rocher.

— Et toi, alors, qu'est-ce que tu fais?

— Je nage. Loin, loin.

— Moi aussi, dit Bi. Moi aussi, j'ai un harnais et une mine. Moi aussi, la mine va sur le bateau. Moi aussi, je nage avec Fa.

Bi se mit à rire.

— Pourquoi ris-tu?

— Au début, Ba dit : Bi va mettre la mine. Mais je dis non. Je dis : Fa vient, ou je ne vais pas. Alors, Fa tout seul, dit Ba. Bi vient, ou je ne vais pas, dit Fa. Les hommes sont très en colère. Ils disent : Bi dans un bassin, Fa dans un autre. Alors, je ne mange plus. Et Fa non plus. Deux jours, et les hommes cèdent.

— Fa, dit Sevilla, à quel endroit du bateau tu mets la mine?

— Au milieu.

— Et toi, Bi?

— Au milieu. A côté de Fa.

De toute évidence, la deuxième mine était inerte. Elle n'était là que pour contenter l'exigence des dauphins de ne pas se séparer.

— Alors? dit Sevilla.

— On nage et on nage. Et le navire fait plouf. Très fort, comme hier soir. Un autre jour, Ba dit : vous voyez le bateau, rattrapez-le. Et le bateau nage vite, très vite ; mais Bi et moi, nous le rattrapons, nous collons la mine et nous rentrons.

— Et le navire explose?

— Non. Jamais quand nous rattrapons.

— A ton avis, pourquoi?

— Parce qu'il y a des hommes dessus.

— Et après?

— Tous les jours, dit Bi, il y a course entre un canot avec deux gros moteurs et nous.

— Des moteurs comment? Des moteurs que tu vois à l'arrière des bateaux?

— Oui. C'est amusant.

— Pourquoi?

— Le canot va vite, très vite, bien plus vite que tous les bateaux.

Il reprit triomphalement :

— Mais nous gagnons.

— La course est longue?

— Ça dépend : demi-longue, longue, longue et demi-longue, double longue. Mais nous gagnons.

Les hommes sur le canot sont très contents. Ils crient. Ils sifflent.

— Un autre jour, dit Bi, c'est le sous-marin. Le sous-marin nous prend, nous emmène en mer, loin des côtes, et nous lâche. Ba dit : nagez une heure direction sud et retrouvez le sous-marin.

— Comment savez-vous que vous nagez une heure?

— Nous savons. Nous sommes entraînés. Course demi-longue : une demi-heure. Course longue : une heure. Course double longue : deux heures.

— Vous ne vous trompez pas?

— Non.

— Et vous retrouvez le sous-marin?

— Toujours.

— Comment?

Fa dit :

— Ba aussi veut savoir comment. Mais nous ne savons pas très bien. Nous goûtons l'eau.

— Vous goûtez l'eau?

— Quand nous nageons, dit Bi, nous ouvrons un peu la bouche et nous goûtons l'eau.

— Et dans la direction qu'a prise le sous-marin, l'eau a un goût différent?

— Oui.

— Quelquefois, dit Fa, ce n'est pas le sous-marin qu'il faut retrouver. C'est la base. C'est plus difficile.

— Pourquoi?

— Il faut bien connaître la côte autour de la base.

— Quand tu ne vois pas la terre, comment la retrouves-tu?

— Au goût de l'eau.

— Et quand tu vois la terre, comment fais-tu pour retrouvrer la base?

— Au sonar. Et quand je suis assez près, à l'œil. D'abord le goût. Ensuite, l'oreille. Enfin, l'œil. Et l'œil le moins utile des trois.

— La nuit, tu retrouves la base?

— Oui. Mais d'abord, je nage beaucoup autour de la base avec mon sonar. Il faut bien connaître la côte.

Et faire des relevés dans toutes les directions, de tous les accidents de terrain sous-marins avec un sonar, et enregistrer ces milliers de relevés dans une prodigieuse mémoire et avoir tous ces relevés présents à l'esprit avec précision quand on navigue sans visibilité. Mais pour Fa, c'était tout simple.

— Bien, dit Sevilla. Arrivons à l'avion.

— Un long voyage, dit Bi.

— Comment?

— Sur des brancards. J'ai chaud. Je suis très sèche, je souffre. Fa aussi. Ba nous met des draps mouillés sur le corps. Après l'avion, une base. Je nage dans la base et je nage autour de la base. Mais pas beaucoup. Fa avec moi.

— L'eau a un drôle de goût, dit Fa.

— Après?

Fa reprit :

— Ba nous emmène en bateau, Bi et moi. Ba dit : un sous-marin vous attend. Vous allez dans le sous-marin. Moi pas. Un homme vous dit : faites ceci et vous le faites. Je dis à Ba : pourquoi tu ne viens pas? il dit : c'est l'ordre.

— Quel air a Ba en disant cela?

— Pas heureux. Nous restons sur le bateau.

— Combien de temps?

— Quand je ne nage pas, je ne sais pas combien de temps.

— Peu de temps ou longtemps?

— Longtemps.

— Que se passe-t-il quand vous rencontrez le sous-marin?

— Ba nous met à l'eau et nous nageons jusqu'au sous-marin. Les hommes nous prennent à bord.

— N'est-ce pas très difficile pour vous d'être introduits dans un sous-marin?

— Oui. Très difficile. Mais les hommes vont doucement. Malgré ça, j'ai peur. Dans le sous-marin, il fait très chaud. Je suis très sèche, je souffre.

Elle reprit :

— Dans le sous-marin, l'homme nous dit...

— Quel homme?

— L'homme qui commande.

— Il a un uniforme?

— Non.

— Comment est-il?

— Petit, les yeux bleus, pas beaucoup de cheveux.

— Que dit-il?

— Il nous montre un petit bateau gris avec des canons, qu'il tient à la main. Il dit : regardez bien. Je vous lâche, vous trouvez ce bateau. Vous mettez une mine au milieu et vous revenez au sous-marin.

— Combien de temps vous restez dans le sous-marin?

— Longtemps. Nous regardons bien le petit bateau.

— Est-ce la première fois qu'on vous demande d'identifier un vrai bateau en vous montrant un modèle réduit?

— Non. A la base, avec Fa, très souvent.

— Vous vous trompez?

— Les premières fois, oui. Ensuite, plus jamais.

— Bien ; que se passe-t-il ensuite?

— Les hommes nous mettent des harnais.

— Les harnais habituels?

— Non. D'autres.

— Et les mines?

— Non, pas encore. Les hommes-grenouilles nous font sortir.

— Sous l'eau?

— Oui.

— Comment?

— On nous met dans une pièce, on la ferme, elle se remplit d'eau. Elle s'ouvre dans la mer. Nous sortons. Les hommes-grenouilles nous tiennent par le harnais. Ils nagent avec nous.

— Longtemps?

— Non. Ils s'arrêtent et fixent les mines sur les harnais.

— Alors?

— Nous nageons direction nord.

— Comment savez-vous que c'est le nord?

— Par le soleil. Quand nous sortons du sous-marin, c'est le milieu du matin. Nous nageons vite.

— Combien de temps?

— Une course longue et demi-longue. Je trouve le bateau. J'approche et il y a des hommes dessus. Je dis à Bi : ce n'est pas amusant. Pas de plouf!

— Pas d'explosion?

— Oui. Je pense : il y a des hommes, pas de plouf. Bi dit : j'arrive avant toi. Alors, je nage, je nage, Pa, je nage comme l'oiseau vole! J'arrive avant Bi, je me tourne, la mine va sur le bateau, mais moi, je suis sur la mine!

— Tu veux dire que la mine se colle sur le bateau, mais ne décolle pas du harnais?

— Oui!

— Tu restes attaché au bateau?

— Oui! J'ai peur! Je ne respire plus! Je vais me noyer! J'appelle au secours : Bi! Bi!

— Et moi, dit Bi, avec mes dents, je coupe le harnais de Fa sous le ventre. Il est libre. Et moi, je ne vais pas près du bateau.

— Tu ne colles pas ta mine?

— Non.

— Répète : tu ne colles pas ta mine?

— Non. J'ai peur. Fa aussi a peur.

Les mains de Sevilla se mirent à trembler.

— Qu'est-ce que tu fais de ta mine?

— Je dis à Fa : coupe mon harnais avec tes dents. Il le coupe. Le harnais et la mine tombent.

Sevilla regarda Arlette, ses mains tremblaient, il n'arrivait pas à contrôler sa voix. La vie de centaines de marins avait tenu à ce hasard infime : c'était sur Bi, et non sur Fa, que les hommes-grenouilles avaient attaché la mine inerte.

— Le harnais et la mine tombent au fond de l'eau?

— Oui.

— Alors?

— Je remonte à l'air avec Fa, je respire et je nage direction sud. Je nage vite, vite. J'ai peur.

— Dans quelle direction va le bateau?

— Nord.

— Et vous, sud?

— Oui! Et le bateau fait plouf!

— Tu le vois?

— Il y a des hommes dessus et le bateau fait plouf.

— Est-ce que tu le vois?

— J'entends. Je suis loin dans l'eau, mais je vois la lumière. J'entends le bruit et je sens un choc dans l'eau. Je plonge, je nage, j'ai peur!

— Combien de temps nages-tu?

— Une course longue et demi-longue. Je goûte l'eau. Pas de sous-marin : il est parti.

— Ensuite?

— Je le cherche. Fa aussi. Mais il est parti. Depuis longtemps. L'eau n'a pas de goût.

— Alors, Bi et moi, nous comprenons.

— Qu'est-ce que vous comprenez?

— Les hommes du bateau meurent. Et Fa et Bi meurent avec eux, sur la coque. L'homme du sous-marin dit : très bien, ils sont morts, pas besoin d'attendre.

— Alors?

— Je dis : les hommes ne sont pas bons. Restons dans la mer. Bi dit : Non, il faut retourner à la base.

— Pourquoi?

— Pour dire à Ba.

— Pour raconter à Ba ce qui s'est passé? reprit Sevilla en faisant effort pour maîtriser sa voix.

— Oui. Parce que Ba est notre ami. Mais la terre est loin. Je nage, je trouve la terre, mais je ne trouve pas la base. Je ne connais pas bien la côte. Je nage la fin de la journée et toute la nuit. Je ne mange pas, je nage, je suis très fatigué.

— Oh, je suis si fatiguée! dit Bi. Avec Fa, je nage et je nage. Enfin : le matin, je vois la base. Et debout, sur la jetée, Ba. Il nous voit. Il plonge dans l'eau tout habillé. Nous sommes contents.

— Alors?

Il y eut un silence et le silence dura.

— Alors? répéta Sevilla avec patience.

— Je dis à Ba.

— Tu lui racontes ce qui s'est passé? dit Sevilla d'une voix étouffée.

Il allongea le bras et serra avec force la main d'Arlette.

— Oui.

— Tout?

— Oui.

Le silence de nouveau.

— Ensuite?

— Ba nous regarde. Il est très blanc. Il dit : ce n'est pas possible. Ce n'est pas vrai. Bi, tu mens. Il ne faut plus dire ça. Tu entends, il ne faut plus dire ça. Il est très blanc. Il tremble.

— Et toi, qu'est-ce que tu dis?

— Je dis : c'est vrai, c'est vrai, c'est vrai ! dit Bi avec désespoir.

Elle se tut de nouveau.

— Après? dit Sevilla.

— Après, je comprends que Ba n'est pas notre ami. Nous disons : avec Ba, nous ne parlons plus Avec les les hommes, nous ne parlons plus.

Sevilla ferma l'interrupteur du magnétophone et regarda Arlette.

— Eh bien, après cela, c'est clair. Bob a dit tout ce qu'il savait aux hommes de B avant d'être liquidé. Et comment ceux-ci pourraient-ils croire que Fa et Bi ne nous ont pas parlé?

— Ils savent bien que non, dit Arlette au bout d'un moment. Ils dont dû capter tous les messages radio hier, entre Adams et toi?

— Et les interpréter comme autant de nuages de fumée.

— Eh bien, supposons qu'ils les interprètent ainsi. Supposons qu'ils pensent qu'Adams est maintenant en possession d'une bande magnétique relatant la confession des dauphins. Dans ce cas, nous ne risquons plus rien.

— Bien au contraire. Pour eux, les dauphins sont liquidés. Pour que cette bande ait valeur de preuve, il faut que nous soyons vivants pour l'authentifier.

— Pa! dit Bi, nous voulons parler.

— Tout à l'heure, Bi, dit Sevilla en posant la main sur sa tête. Pa parle à Ma.

— Et après, avec Bi?

— Après, avec Bi.

— Tu penses donc, dit Arlette, que les hommes de B vont revenir...

Sevilla dit d'une voix basse et distincte :

— Oui, cette nuit. Ils reviendront cette nuit.

Il y eut un silence et Arlette reprit :

— Si tu penses cela, Adams doit le penser aussi. Et dans ce cas, pourquoi a-t-il retiré son dispositif de sécurité?

Sevilla serra les mains l'une contre l'autre et secoua les épaules.

— Oh, Adams! Adams a joué sur les deux tableaux.

Il reprit, en faisant effort pour contrôler sa voix :

— La position d'Adams a été, dès le début, équivoque, parce qu'il agit au nom d'un service où les uns sont partisans de la vérité et les autres partisans de sa suppression. Adams a d'abord joué la vérité. Puis Fa et Bi étant « morts », il pense que le camp de la vérité a perdu, et il joue maintenant le silence.

— Fa et Bi ne sont pas morts, dit Fa.

— Bien sûr que non, dit Sevilla.

— Tu as dit que Fa et Bi étaient morts.

— Ce sont les méchants qui disent cela.

— Mais ce n'est pas vrai! dit Fa avec inquiétude.

— Non, Fa, ce n'est pas vrai.

Sevilla regarda Arlette et pensa, pour les dauphins, la terrible réalité du mot, il fallait faire très attention.

— Tu as dit, dit Arlette, qu'Adams jouait le silence, Qu'est-ce que ça signifie?

— Il y a un moment, ce matin, où Adams s'est trahi : c'est quand il m'a proposé de garder les armes. Pourquoi me les laisser s'il croit que je ne cours plus aucun danger?

— Mais c'est un monstre!

— Mais non, dit Sevilla, pas tout à fait. Il n'est pas dénué de toute sympathie pour nous et il lui reste une petite lueur d'humanité.

Il ajouta au bout d'un moment :

— La preuve : au dernier moment, il n'a pas pu supporter l'idée de nous livrer sans armes aux hommes de B. Il nous a laissé une chance.

Il ajouta avec un rire bref :

— Une très petite chance.

*

Sevilla rentra l'aviron de godille, le posa au fond du pneumatique, prit la torche électrique des mains de Peter, et braqua le faisceau lumineux sur les dauphins, Fa! Bi! dit-il d'une voix forte, tandis qu'ils sortaient à moitié de l'eau et posaient la tête en même temps sur les boudins, restez tranquilles, reprit Sevilla, j'ai à parler avec Peter, le regard de Peter allait, stupéfait, de l'un à l'autre, Fa et Bi? dit-il d'une voix sourde, et le gros mâle de ce matin? un dauphin sauvage que Daisy avait apprivoisé, Peter secoua la tête, je commence à comprendre bien des choses, Sevilla dirigea sur lui le pinceau de lumière et comme il clignait des yeux, l'abaissa au niveau de sa poitrine, le visage blond, ouvert, innocent de Peter, éclairé de bas en haut, prit tout d'un coup un relief et une maturité inhabituels, même les deux fossettes de chaque côté des lèvres assumèrent, en se creusant, un air austère, le menton saillant, les tendons du cou dessinés comme ceux d'un athlète en plein effort, tout le visage buriné et viril, même les yeux, en s'enfonçant dans les arcades sourcilières, étaient devenus moins enfantins, Peter, dit Sevilla, si je vous ai amené dans la grotte, c'est d'abord pour vous montrer que Fa et Bi sont vivants, je veux plus tard que vous puissiez témoigner, si besoin est, que vous les avez vus vivants dans la matinée du 9 janvier, c'est-à-dire le lendemain de l'explosion qui détruisit le *Caribee*, je m'excuse de vous avoir enlevé à Suzy à peine débarqué, mais je voulais vous parler tranquillement, dans la grotte, sans craindre l'espionnage électronique à grande distance, maintenant qu'Adams leur a laissé le champ libre, ces messieurs vont déployer tous leurs talents, première question : avez-vous été suivis? Oui, dit Peter, à partir de quel moment? Sur mer? En mettant les pieds sur le continent? Peter fit non de la tête et dit tout haut, d'un air joyeux, avec une sorte d'élan, non, beaucoup plus astucieux, ils savent bien qu'une fois à terre, mon premier soin va être de récupérer ma Ford au parking, bon, quand j'arrive, ma Ford est inaccessible, enfermée dans un incroyable méli-mélo d'autos, il faut une demi-heure au commis pour la dégager, le gérant a tout le temps de téléphoner à qui de droit, quand je sors, je remarque une Dodge noire, assez loin derrière moi, après la Dodge il y a une Oldsmobile bleue, puis une Chrysler vieille et assez sale, de couleur indéterminée, puis de nouveau, la Dodge, j'oubliais, revenons au parking, quant à votre Buick, je l'ai cherchée de l'œil, elle est tout aussi inaccessible que ma Ford, pourtant, vous l'aviez garée l'avant-veille, et selon vos instructions, elle venait d'être lavée, il y avait encore des coulées d'eau au bas des portes, les gars avaient dû se donner beaucoup de mal, après le lavage, pour la fourrer dans le coin le plus reculé, c'était presque comique de voir votre Buick immaculée dans un tas de tacots crasseux qui n'avaient pas bougé depuis des mois, c'est à ce moment-là que j'ai commencé à ouvrir l'œil, Sevilla le regarda, il était si jeune, si gai, si fier de ses talents d'observation, encore une chance qu'ils ne l'aient pas enlevé, avec Suzy, sur le continent, ils sont si sûrs de nous avoir tous ce soir, Peter, dit-il d'une voix grave le moment est venu de nous séparer.

Peter le considérait, béant, bouleversé, non, Peter, ne posez pas de question, rien ne pouvait me faire plus de peine que d'avoir à vous quitter, mais c'est une nécessité absolue, nous sommes tous les quatre en danger de mort, nous devons fuir et nous cacher, nous n'avons pas trop de temps, à la nuit nous quitterons l'île, vous dans le petit pneumatique, pour le continent, et moi dans le gros, je ne désire pas vous dire où je vais, mais vous et Suzy, voici ce que vous ferez : vous emporterez le strict nécessaire, plus les bandes où les sifflements de Daisy sont enregistrés, tout notre travail dans l'île, vous emporterez aussi deux lettres, l'une pour Maggie, pour lui dire d'avoir à se mettre à l'abri, elle aussi, le plus vite possible, et l'autre, très importante, pour Goldstein, dès que vous aurez acquis la conviction que vous n'êtes pas suivi, vous devez poster ces deux lettres, mais j'anticipe, en arrivant sur le continent, en aucun cas, vous ne devez vous présenter au parking, vous vous rendez à la station-service la plus proche, et là, c'est bien rare si vous ne trouvez pas une « magnifique occasion », vous l'achetez, Peter haussa les sourcils, je vous donnerai ce qu'il faut, dit Sevilla, il ajouta, roulez toute la nuit, à la prochaine étape, au matin, je vous conseille de revendre cette auto, au besoin à perte, d'en racheter une dans un autre garage et de recommencer au moins une fois l'opération, bien, vous gagnez le Canada et du Canada, vous passez en Europe, à mon sens, le franchissement de la frontière ne posera aucun problème, ce n'est pas le F.B.I. qui vous poursuit, mais un service qui ne partage sûrement pas ses secrets avec le F.B.I., je sais ce que vous allez dire, Peter, mais je vous dois une indemnité pour rupture de contrat, et c'est bien le moins que vous ayez, quelque part en Europe, après tout le travail que nous avons fait ensemble, une tranquille année sabbatique, je vous ferai remarquer, dit Peter, qu'aucune indemnité de ce genre n'était prévue dans mon contrat, Sevilla sourit, eh bien, c'était une lacune, je désire la réparer, de toute façon, que voulez-vous que je fasse de tout ce fric? Peter le regarda un long moment en silence, je voudrais vous poser une question, une seule, est-ce que je dois emporter une arme? eh bien, dit Sevilla, c'est une question à laquelle vous devez vous-même répondre, je ne sais pas jusqu'où va votre respect de la vie, Peter carra les épaules et regarda Sevilla dans les yeux, je vais poser ma question autrement, s'ils retrouvent notre trace et réussissent à nous kidnapper, à votre avis, est-ce qu'ils nous tortureront pour nous faire parler? je pense, oui, Suzy aussi? dit Peter d'une voix étouffée, Sevilla haussa les sourcils, ils ne feront pas de différence, croyez-moi.

*

Aucune lumière n'avait été allumée dans la maison, portes et fenêtres closes, on n'utilisait, en bref éclair, que le jet d'une torche électrique, au-dessus de leurs têtes, sur la terrasse, un plafond d'énormes nuages noirs s'étendait, immobile, étouffant, sans une faille de gris, la nuit s'annonçait aussi noire que la veille, Sevilla éprouvait un sentiment bizarre, dans le crépuscule qui pesait et s'épaississait toutes les minutes, ils étaient quatre, vêtus de couleurs sombres, les deux femmes en pantalon, à aller et venir de la maison à la terrasse, de la terrasse au port, activant sans aucun bruit les préparatifs du départ, marchant pieds nus, échangeant parfois, de bouche à oreille, des chuchotements à peine audibles, quatre ombres de moins en moins distinctes dans la nuit tombante, glissant à la rencontre l'une de l'autre, se séparant, se croisant, se rapprochant, s'éloignant à nouveau, au début, Sevilla reconnaissait ses compagnons par la silhouette, Arlette la plus petite, Peter le plus grand, Suzy entre les deux, mais même cette différence s'estompa, disparut, les silhouettes gommées et mangées par le noir, les mouvements se ralentirent, c'est par le bruit des respirations qu'il repérait une présence, une main rencontra sa poitrine, il la saisit, c'était celle de Peter, une voix murmura à son oreille, nous avons fini, c'est le moment, Peter, dit Sevilla dans un souffle, je vous ai vu prendre un revolver, un conseil, emportez plutôt des grenades, contre plusieurs adversaires surgissant armés d'une auto, seule une grenade, la voix d'Arlette dit dans son cou, Suzy veut te dire au revoir, une main lui toucha l'épaule, c'était Suzy, elle dit à son oreille dans un murmure d'extraordinaire intensité, Henry, bonne chance, Henry, bonne chance, c'était la première fois qu'elle l'appelait Henry, il sentit qu'elle prenait son visage dans ses mains, il se pencha elle appuya ses lèvres sur sa joue et répéta dans un souffle avec la même intensité, Henry bonne chance, elle détacha ses mains, il y eut un bref sanglot étouffé, il comprit que les deux femmes s'embrassaient, Sevilla sentit sa poitrine se dilater, la bonne volonté, le souci des autres, l'affection profonde, l'homme c'était aussi cela, la main de Peter glissa le long de son bras, il la happa et la serra avec force, Pete, dit-il à voix basse, la bouche collée à son oreille, je vous emprunte le petit pneumatique pour aller chercher Fa et Bi, il fit deux pas, quelqu'un s'approcha, le parfum des cheveux, la fraîcheur des mains, c'était Arlette, l'ouïe d'Arlette était prodigieuse, à un mètre de lui, elle avait entendu, elle appuya contre lui et se haussa jusqu'à son oreille je viens avec toi, Henry.

Ils s'engagèrent dans le boyau en épingle à cheveux, c'est à peine si Arlette avait à donner, de temps en temps, un bref éclair de sa torche, c'était la troisième fois aujourd'hui que Sevilla parcourait ce chemin, il le connaissait de façon quasi tactile, comme le couloir sans lumière d'une maison où on a passé son enfance, au fur et à mesure qu'ils s'enfonçaient dans le roc, il éprouvait un profond sentiment de soulagement et de sécurité, il n'y avait pas à se demander ce que ressentaient les hommes de la préhistoire quand ils découvraient une grotte sinueuse au flanc d'une colline, oui, même s'ils avaient d'abord à en chasser les ours pour en faire leur refuge, épieux et haches contre crocs et griffes, ça valait la peine d'affronter un troupeau de plantigrades géants pour leur voler leur chaude, obscure, profonde et inaccessible tanière, où, tassés les uns contre les autres dans un amas d'humanité tiède, les futurs maîtres et destructeurs du monde se sentaient aussi abrités des dangers terrifiants de l'extérieur que dans le ventre de leur mère, tu peux garder la torche allumée, dit Sevilla à voix haute tandis qu'il poussait des deux mains contre les parois rocheuses du dernier boyau, c'était une joie nouvelle de parler haut et de voir clair, Fa! Bi! dit-il d'une voix forte, les dauphins surgirent autour d'eux, joyeux, turbulents, bondissants, non, non, n'éclaboussez pas, cria Sevilla, nous avons à faire un long chemin la nuit sur la mer, nous aurions froid si vous nous mouilliez, écoutez, une fois dans le chenal et en mer, plus un seul mot, plus un seul mot dans la langue des hommes, ne parlez que par sifflements, devant nous, l'ennemi, à droite et à gauche l'ennemi, Arlette se mit à rire, c'était le premier rire depuis deux jours, chéri, dit-elle avec une gaieté nerveuse, irrépressible, tu parles comme un général en chef, et tu fais comme lui des secrets, le plus incroyable, c'est que je ne sais même pas où nous allons, mais à Cuba, dit-il, j'y ai pensé si souvent depuis hier que je croyais te l'avoir dit, cent cinquante kilomètres à peine de Key West à Marianao, le pays étranger le plus proche et surtout le seul pays d'Amérique latine où le fait d'être privé d'un passeport U. S. est en soi une recommandation, le seul aussi d'où nous pouvons facilement gagner Prague, peut-être avec des passeports cubains, le but, si nous ne sommes pas pris, c'est d'être avec Fa et Bi dans une capitale européenne avant le 13 janvier afin de faire éclater la vérité, si d'ici là Goldstein n'a pas reçu ma lettre, ou n'a pas réussi à convaincre Smith en lui faisant entendre la bande de ce matin, il me semble que cette bande et l'annonce de notre présence à Prague avec Fa et Bi devraient amener Smith à faire machine arrière, je n'aimerais pas être obligé de convoquer une conférence de presse pour raconter des choses affreuses sur les services secrets de mon pays, il suffirait que Smith déclare que la commission d'enquête sur la désintégration du *Little Rock* a conclu à un accident, dans le chenal, dès que les deux pneumatiques furent de nouveau à couple, dans une obscurité d'encre, les moteurs relevés, les pelles parallèles aux boudins, la parole réduite de nouveau à un murmure presque inaudible, Sevilla retrouva l'angoisse éprouvée quelques heures plus tôt quand il avait appris des dauphins que Bob savait tout, il attendait que Peter finit d'arrimer ses sacs dans le plus petit des canots, l'attente lui paraissait à peine supportable, les nerfs vrillés, les tempes battantes, la sueur ruisselant sans arrêt sous ses aisselles, il avait peine à rester immobile, Arlette lui prit la main, il la retira aussitôt, elle était moite, et Peter qui n'en finissait plus, il était toujours si méticuleux, si tatillon, une impatience folle envahit Sevilla, moitié colère moitié panique, il ouvrit la bouche et se reprit aussitôt, il avança vers l'avant du pneumatique, il se figea, fasciné, le cadran lumineux du compas de bord le regardait, c'était une présence amicale dans un océan de ténèbres, le seul point fixe et rassurant dans un monde ennemi et tout d'un coup, il se souvient, été 1944 en Normandie, derrière une haie, au cours d'une attaque de nuit, les aiguilles lumineuses de son bracelet-montre surgirent et se détachèrent sur le noir hostile, il se sentit allégé, lucide, son esprit recommença à fonctionner, Todd, prenez dix hommes, allez reconnaître le ruisseau que vous entendez dans le fond du vallon, et si vous devez tirer, ne vous tirez pas les uns sur les autres, cette impression de cauchemar d'avancer en aveugle et de se jeter sans cesse dans des pièges, les terribles haies normandes, une mitrailleuse allemande derrière chaque haie, admirablement camouflée, attendant dans un silence absolu, mon avant-garde fauchée à chaque fois, ils savaient se battre, la main fraîche d'Arlette tâtonna derrière sa nuque, il sentit ses lèvres sur son oreille, Peter est prêt, eh bien, partons, dit Sevilla, quelque chose craqua quelque part, ce fut comme si un voile, tout d'un coup, s'était déchiré, mais non, c'était folie, foncer dans le chenal en plein brouillard, sans rien voir, sans rien reconnaître à l'avance, attendons, dit-il, dis-lui d'attendre, il se pencha par-dessus le boudin, tapa deux fois du plat de la main à la surface de l'eau, la seconde d'après ses doigts furent soulevés par une masse chaude et lisse, il tâtonna, ils étaient là tous les deux, il siffla doucement en delphinais « Fa!

Bi ! », curieux comme le sifflement s'intégrait bien aux risées du vent et au clapotis de l'eau contre les brisants, qu'est-ce qu'ils devaient penser les autres, là-bas, l'oreille collée à leur écoute?

— Fa, Bi, tu nages dans le chenal jusqu'à la mer.

— Après?

— Peut-être il y a un bateau. Peut-être il y a un homme-grenouille. Tu reviens dire.

Un silence, et Fa siffla.

— Bon. Il y a un homme-grenouille, il nage vers nous, qu'est-ce que je fais?

— Tu l'assommes.

— Oh, non, dit Fa. Je l'assomme, il coule et il meurt. Oh, non.

— Tu ne l'assommes pas : il nous tue.

Un silence, et Bi siffla.

— Je coupe son tuyau avec mes dents. Il remonte à l'air. Par-derrière, je cogne un peu et je le jette sur les rochers.

Admirable refus de la violence : elle le met hors de combat, mais elle lui sauve la vie.

— Bien, dit Sevilla.

Ils disparurent et il les imagina tous les deux, glissant dans l'eau noire, précédés du cra-cra-cra de leur sonar qui dessinait devant eux les obstacles aussi nettement que s'ils les avaient vus, allongés, profilés, filant comme des flèches, propulsés par les mouvements souples et puissants de leur caudale dans une merveilleuse économie d'efforts, sans bruit, sans remous, sans cavitation, aussi fluides que l'eau même, la pénétrant sans la troubler, l'eau et leur corps ne faisant qu'un, leur seul poids, à cette vitesse, une arme terrible, sous la gaine de leur peau élastique cent soixante à deux cents kilos de muscles, commandés par un cerveau aussi rusé que celui de l'homme, mais contrôlé par la bonté.

Quelques secondes plus tard, Sevilla les sentit à nouveau sous sa main, Fa siffla.

— Un bateau comme le tien, en caoutchouc. Plus gros.

— En marche, le bateau?

— Non. Mouillé. A l'entrée.

A l'affût, les attendant, barrant la route. Les hommes de B avaient dû comprendre, en interprétant l'écoute, ou l'absence d'écoute, qu'ils se préparaient à fuir.

Sevilla réfléchit, les lèvres d'Arlette se collèrent contre sa joue, Peter dit qu'il faut s'approcher et les attaquer à coups de grenade. Sevilla chercha à tâtons l'oreille d'Arlette. Non. Dis-lui non. Il faut y voir pour jeter des grenades. Et s'il y a combat, il y aura morts, des deux côtés. Du nôtre aussi. Il resta silencieux, le temps passait, la sueur ruisselait dans ses paumes.

— Qu'est-ce que je fais? dit Fa.

— Le bateau, il est mouillé comment?

— Une corde et quelque chose au bout.

— Une corde? Tu es sûr? Pas une chaîne, une corde?

— Oui.

Sevilla se redressa.

— Tu plonges. Tu coupes la corde avec tes dents. Et tu pousses le bateau doucement, doucement.

— Où?

— A droite. Il y a un courant. Il faut le trouver.

— Bi le trouvera, dit Bi.

Ils disparurent, la bouche d'Arlette de nouveau contre sa joue, dès que le bateau bougera, ils le sentiront, Sevilla passa la main sur le visage d'Arlette, releva une mèche de cheveux, trouva son oreille et dit dans un souffle : non, nuit noire, pas de points de repère. Il coula sa main droite dans l'eau et pensa : ils s'en apercevront, mais trop tard, ils seront sur les cailloux, leurs coordonnées perdues, au mieux quelques déchirures.

Il se pencha à bâbord et tâtonna de la main gauche jusqu'à ce qu'il rencontrât celle de Peter, il sentit que Peter se penchait, Peter, si Fa et Bi réussissent, à la sortie du chenal nagez avec vos pelles pendant une heure, sur votre gauche, puis mettez le moteur, poussez-le cinq minutes, stoppez-le, écoutez, remettez-le en marche et ainsi de suite, il y eut un silence, Peter dit, s'ils sont échoués, pourquoi ne pas en profiter tout de suite pour mettre le moteur plein gaz? non, dit Sevilla avec énergie, il y a sûrement un bateau mère quelque part, ils vont l'alerter par radio, il repérerait votre moteur au sonar et en moins d'une minute il serait sur vous. Comme vous savez, ces parages, la nuit, ne sont guère fréquentés par les pêcheurs.

— Pa, siffla Bi, où est ta main?

Sevilla plongea la main dans l'eau et elle se fit caresser par lui avant de parler.

— C'est amusant, dit-elle. Le bateau nage, ils ne sentent rien.

— Ils parlent entre eux?

— Non, dit Fa. Ils ne parlent pas. Le bateau nage. Ils ne parlent pas.

Bi gloussa. Sevilla se pencha à bâbord, Peter, dit-il dans un souffle, au revoir, et tout d'un coup, d'un bateau à l'autre, dans le noir, par-dessus les boudins, sans un mot il y eut quatre mains qui se cherchèrent à tâtons et s'étreignirent avec force pendant plusieurs secondes, Sevilla avala sa salive, son cœur battit avec violence, chose étrange, le présent devint si intense qu'il s'évanouit avant même de prendre fin, ces quelques secondes, c'était déjà du passé, un moment qu'il regardait déjà derrière lui.

— Partez, Pete, murmura Sevilla.

Il l'entendait prendre du champ pour placer ses avirons.

Bi siffla :

— Je vais l'aider.

Sevilla plaça les siens et commença à nager avec précaution, mais au bout d'un moment, il les releva : Fa le poussait par-derrière. Il siffla : moins vite. Fa. Il dégagea une pelle, la donna à Arlette et dit : surveille au toucher la paroi de ton côté, moi le mien. Mais Fa poussait le bateau droit dans l'axe, en corrigeant lui-même sa route avec autant de précision que s'il avait vu clair.

Au débouché du chenal, Sevilla reçut la brusque claque fraîche du sud et le pneumatique se mit à danser, il nagea à bâbord avec l'aviron jusqu'à ce que l'aiguille du compas se fixât sur le sud, il siffla : Fa, est-ce que tu peux garder la route vers le sud, mais oui, dit Fa, appelle Bi, mais je suis là, dit Bi, le pneumatique prit de la vitesse, Bi devait pousser, elle aussi, Sevilla arrima l'aviron d'Arlette sur la lisse, mais garda le sien à côté de lui, il s'assit, il sentit le poids d'Arlette sur son bras, elle s'accotait au creux de son épaule, ses cheveux lui balayant le visage, Bi siffla, Pa, pourquoi tu ne mets pas le moteur? il se pencha, il ne voyait rien, il ne les entendait même pas tant leur nage était silencieuse, ils devaient pousser le canot de chaque côté du hors-bord à l'endroit où les boudins arrière se raccordaient au tableau, il siffla, plus tard, Bi, nous sommes encore trop près, ils ont des machines dans l'eau qui entendent les moteurs, tu es fatiguée? Bi fit entendre un sifflement qui ressemblait à un rire, suivi aussitôt d'un autre rire, il y avait longtemps que Fa et Bi ne s'étaient sentis si heureux, pousser dans l'eau les trois cents kilos du canot, de ses occupants et du moteur, ce n'était rien, c'était un jeu, et le meilleur des jeux, cette longue course imprévue en pleine mer, la nuit, avec Ma et Pa, ils comprenaient l'importance de leur mission, ils aidaient les dieux gentils à fuir les dieux méchants, tout était clair à nouveau, Sevilla reprit, combien de temps vous pouvez pousser? il y eut entre eux un échange de sifflements et Fa dit, une course longue et demi-longue, Sevilla regarda le cadran lumineux de sa montre, dix heures trente-cinq, disons une heure, il faut tenir compte de la vantardise de Fa, à onze heures trente-cinq il mettrait le Mercury en marche, le moment le plus dangereux commencerait, il enverrait Fa à deux milles devant lui, Bi à deux milles dans son sillage, les sonars des deux dauphins décèleraient les mouvements suspects de bâtiments, pour l'instant filant à ras de mer dans la nuit noire sans aucun bruit, il était aussi peu repérable qu'un poisson, sauf peut-être par le réseau des bouées à sonar de la Marine U. S., si sensibles qu'elles repéraient à des milles de distance le souffle d'air et d'eau vaporisée d'une baleine, mais de toute façon, pensa Sevilla, l'intensité du bruit n'est pas comparable avec la respiration des dauphins, il se pencha, il laissa pendre sa main droite par-dessus les boudins, il sentit sous ses doigts la forte résistance de l'eau qu'ils refoulaient et dit à voix basse, c'est merveilleux, ils nous font faire au moins dix nœuds, Arlette ne répondit pas, le silence se prolongea, au mouvement de son corps il comprit qu'elle pleurait contre son cou, il posa la main gauche sur son épaule, il attendit, et tout d'un coup, il pensa, hier, c'était hier que Goldstein était arrivé dans l'île, si long le temps en apparence, si bref en réalité, un jour, une nuit, un jour, et au milieu de la deuxième nuit, ils avaient tout perdu, ils n'avaient plus de *Caribee*, plus de port, plus de maison, plus d'île et même, plus de pays, et vraiment, ça m'est égal, ce n'est pas le moment de s'accrocher à sa petite niche personnelle, s'il y a une guerre atomique tout nous sera enlevé, y compris la planète elle-même, l'absurdité désespérante de tout ceci, quand les bêtes se battent, c'est pour leur nourriture ou pour défendre leur territoire, mais jamais, jamais, elles n'ont conçu le projet d'anéantir une espèce entière, ni la terre sur laquelle elles marchent, la voix d'Arlette chuchota à son oreille, chéri, tu penses qu'on a des chances? il répondit d'une voix rassurante, je le pense, oui, il était assis derrière le volant sur le siège gonflable, Arlette à côté de lui, les yeux fixés sur le compas, la main gauche sur l'aviron, prêt à corriger la direction d'un ou deux coups de pelle, mais ce n'était même pas nécessaire, comment faisaient les dauphins pour pousser le canot plein sud sans jamais dévier, malgré les cahots, les dérapages et la dérive des lames longues qui les prenaient par le travers, Arlette se redressa, je n'ai pas peur de mourir, dit-elle dans un souffle, j'ai peur que nous échouions, nous réussirons dit-il avec vigueur, en réalité, il était loin d'en être sûr, les chances restaient très incertaines, il n'était pas assez naïf pour penser qu'une cause triomphe parce qu'elle est juste, mais il ne pouvait pas se payer le luxe d'être pessimiste, il n'y avait pas d'autre voie que l'espoir, ils portaient avec eux la vérité qui pourrait empêcher le monde de se perdre, Fa et Bi avant eux l'avaient portée, par pure affection, après vingt-quatre heures de nage épuisante à Bob, Bob n'en avait pas voulu, et cette nuit, à cette minute, dans la mer des Caraïbes, c'était la dernière chance de l'homme, Sevilla fut stupéfait par l'importance de l'enjeu, il ne l'avait jamais formulé en termes aussi clairs, au même instant, comme si elle avait suivi le cheminement de sa pensée. Arlette dit à son oreille avec un frémissement dans la voix, si nous réussissons, ce sera grâce à nous que la terre, elle laissa sa phrase en suspens, il répéta en lui-même, grâce à nous, avec un sentiment de doute, comme si, étant un homme, il participait, malgré lui, à la déraison et à la cruauté de l'homme, même en les combattant, il écouta le clapotis de l'eau contre les boudins du pneumatique, quand l'avant, soulevé par une lame, retombait dans les creux, le choc faisait craquer le plancher de bois articulé sous ses pieds, l'air était tiède et si tiède aussi la mer des Caraïbes qu'en y plongeant la main il ne sentait même pas le froid, elle s'étendait autour d'eux, obscure, riche en ses profondeurs de vies et de présences, bien assez poissonneuse, certes, pour nourrir au cours des siècles les Indiens et les Blancs, si les seconds n'avaient pas jugé plus commode d'exterminer les premiers, de Fa et Bi il n'entendait rien, sauf le bruit rythmé de leurs deux respirations quand leur évent revenait à l'air et se décomprimait, grâce à nous, dit-il à mi-voix d'un ton dubitatif, ou grâce à l'humanité des dauphins?

Impression Bussière à Saint-Amand (Cher)
le 18 juin 1985.
Dépôt légal : juin 1985.
1er dépôt légal dans la collection : octobre 1980.
Numéro d'imprimeur : 1656.
ISBN 2-07-036929-3./Imprimé en France.

35987